公共关系学报

Journal of Public Relations

2015 年　第 1 卷　第 1 期

Volume 1，Issue 1，2015

企业管理出版社

目　　录

大数据时代的组织公共关系……………………………………………（1）

吴友富

论公共关系工作的组织形象管理本质……………………………………（10）

范　徵　杨　晨　曹姝婧

应对消费者行动主义的策略模式……………………………………………（19）

郭惠民

危机管理二题………………………………………………………………（26）

叶茂康

"虎照门事件"与政府公共关系危机的思考…………………………（36）

景庆虹

全日制本科公关专业培养方案的形成依据及其体现………………（47）

刘绍庭

论通识教育与专业化教育的平衡

——关于全球化趋势下中国公共关系专业人才培养方式的

思考与探索………………………………………………………………（59）

何　辉

论互联网公关时代……………………………………………………………（68）

谭昆智

危机情境下的企业形象修复策略研究…………………………………（80）

刘国华

A General Introduction to PR Development in China from

2006 to 2010 ………………………………………………………………（90）

JI Huaqiang　HU Jie　FAN Zheng　WU Youfu

俄罗斯在2010年世博会 ……………………………………………………（110）

斯坦尼斯拉夫·纳乌莫夫　阿丽娜·苏斯洛娃　张文洁

《公共关系学报》投稿须知……………………………………………（121）

Contents

Public Relations of Organizations in the Big Data Era
WU Youfu

Organizational Image Management: the Essence of Public Relations Activities
FAN Zheng YANG Chen CAO Shujing

Strategic Model for Dealing with Consumer Activism
GUO Huimin

Two Issues on Crisis Management
YE Maokang

"Tiger-Picture Gate" and Government PR Crisis
JING Qinghong

The Basis and Manifestation of Training Program of Full-time Undergraduates of Public Relations
LIU Shaoting

On the Balance Between General-Purpose Education and Professional Education
HE Hui

The Era of Internet Public Relations
TAN Kunzhi

A Study on the Strategies of Image Repair under Different Crisis Situations
LIU Guohua

A General Introduction to PR Development in China from 2006 to 2010
JI Huaqiang HU Jie FAN Zheng WU Youfu

Russia in Shanghai World Expo 2010
Stanislav NAUMOV Alina SUSLOVA ZHANG Wenjie

Journal of Public Relations: Call for Papers

大数据时代的组织公共关系

吴友富*

【摘要】 现代意义上的公共组织，其生存和发展都离不开公共关系。大数据时代的来临，对组织的公共关系又提出了新的挑战。面对大数据时代的“循数管理”和“数据竞争”，组织如何重新认识其公共关系、如何培养大数据环境下组织公共关系的核心能力、如何衡量组织公共关系，都是大数据时代组织公共关系研究的重点与核心。对于上述问题，本文的回答是，组织的诚信是大数据时代组织公共关系管理的基础；组织的数据能力是组织公共关系的核心能力；组织的信息开放是组织公共关系的有力载体。

【关键词】 公共关系；大数据时代；公共组织；数据能力；信息开放度

Public Relations of Organizations in the Big Data Era

WU Youfu

Abstract For modern public organizations, their survival and development are closely related to public relations. Big data raise new challenges to public relations. Faced with“data-based management” and “data competition”, public relations researchers have to focus on how to re-define public relations, how to cultivate the core competence of big data environment of public relations management, and how to measure the public relations. This paper argues that, in the big data era, the organizations' honesty is the foundation of public relations ; their data organizing capacity is the core ability of public relations, and the level of information openness is the vehicle of organization's public relations.

---

* 作者简介：吴友富，上海外国语大学教授、博导。

Keywords Public Relations; Big Data Era; Public Organizations; Data Capacity; Level of Information Openness

"组织"(Organization)一词,从广义上说,是指由诸多要素按照一定方式相互联系起来的系统;从狭义上说,是指人们为实现一定的目标,互相协作结合而成的集体或团体,如党团组织、工会组织、企业、军事组织等。狭义的组织专门指人群而言,运用于社会管理之中。在现代社会生活中,组织是人们按照一定的目的、任务和形式编制起来的社会集团,组织不仅是社会的细胞、社会的基本单元,而且可以说是社会的基础。①

现代人类社会发育成熟的特点之一,是各类公共组织有效发挥其社会机能,为人类生产生活提供安排、保障和服务。特别是作为现代城市社会的公民,其衣食住行、生老病死,都在与各类公共组织发生关系。这些公共组织一般分为政府及其组成部门、企业和社会组织等三种组成形态,其中,社会组织在西方语境中,一般被统称为非政府组织(NGO)或非盈利组织(NPO)。②公共组织基本上都有建构良好组织形象的"天职",这就需要常抓不懈的公共关系管理。公共关系管理的形式又是多样化的,有时表现为危机公关,有时表现为战略沟通,有时候甚至和事件营销紧密结合,但更多的时候,是常态化和日常化的公共关系管理,有汇聚溪流而成江海之势。

如果略微熟悉公共关系发展史,公众不难发现公共关系与时代发展的结合,特别是与新的传播技术与传播手段的结合。实际上,历次工业革命,不仅是人类生产方式的革命,也是人类沟通和交流等生活方式的革命。这些传播技术手段在公共关系领域里的运用,为公共关系发展和组织的公共关系管理提供了工具箱。公共关系重视传播技术,但最终是管理和驾驭传播技术,通过技术和管理的一体两翼,达到有效与优质公共关系的境界。那么,当下人类正处于、正经历的这个时代,是怎样一个时代呢?在"大数据"成为时代号角的当下,组织的公共关系,乃至整个公共关系理论与实践的发展,又会掌握和运用怎样的新的沟通工具;组织的公共关系管理,应该以何种形态实现,与这个时代相适应,甚至引领这个时代的公共关系呢?

---

① 中国社会科学院语言研究所词典编辑室编.《现代汉语词典》,北京:商务印书馆,1996:1679 页.

② 在中国语境中,社会组织也有比较规范的定义,主要指中国国内意义上的非参照公务员法管理的事业单位(如公立大学、公立图书馆)、民办非企业组织(如民办研究机构、民办医院)和部分基金会。

1. 组织公共关系的大数据时代

自二战结束以来，德国汉诺威工业博览会（以下简称“汉诺威工博会”）就是西方举足轻重的工业博览会，目前则是世界上规模最大的工业技术博览会。最近一届汉诺威工博会于 2014 年 4 月 7 日至 11 日举行。全球 65 个国家和地区的 5000 多家厂商参展，中国以 520 家参展商的规模成为东道主德国以外的最大参展国。

在为期五天的展会中，“工业 4.0”和“未来智能工厂”概念成为核心议题。舆论认为，作为工业领域的全球领先展会，汉诺威工博会对推动“第四次工业革命”[①]发挥了重要作用。活动主办方在本届工博会的展后报告中认为，“工业 4.0 的到来将比想象的更快”。汉诺威工业博览会的展商们达成了明确承诺：“及时并有针对性地讨论迈入第四次工业革命的‘未来趋势’”。[②]

我们知道，第三次工业革命是信息化革命，以互联网的普及为标志，而且这个过程还没有结束。在这个基础上，人们开始讨论第四次工业革命，其标志为何物目前虽无定论，但指向性却比较明确，本届汉诺威工博会的答案是“让网络技术进入制造业”，达致“生产工艺与信息技术融合”“产品个性化”和“生产人性化”。并描绘了全数字化流程的设计、定制、生产、销售、配送的未来工业生产场景。换句话说，每一个互联网终端，都将与人类的工业生产联系起来，到了这样一个阶段人类将在更高水平上利用互联网，以各类数据传送为主要工具以共同完成第四次工业革命。

这个数据概念，就不再是因生产环节的存在而形成的分部门数据、各类小数据和片面数据。在互联网形成足够的数据量和开放场域后，数据开始自由流动并获得另外一种生命力，数据不仅将畅达进入到人类的工业生产领域，更将进入各类公共组织的机体。这就是大数据时代到来后带来的变革。《大数据时代》则更进一步，认为未来人类生活因“全数据样本”而几乎“皆可量化”，“数据科学家崛起”从而取代专家。并认为大数据的真正核心，是利用数据流进行预测，人类生活场景、商业模式、思维方式全部因之而变。[③]

---

① 关于第四次工业革命（Industries 4.0）的早期讨论，始见于 2011 年汉诺威博览会。

② Dietmar Harting. *After Show Report*: *From Vision to Reality*, Hannover: Hannover Messe Advisory Board, 2014.（http://www.hannovermesse.de/）

③ ［英］维克托·迈尔.舍恩贝格、肯尼斯·库克耶.《大数据时代：生活、工作与思维的大变革》，盛杨燕、周涛译，杭州：浙江人民出版社，2012. 主要为第一部分的“全数据模式：样本＝总体”。

在这样一个大数据意义上，我们可以说组织的公共关系管理，将进入全新时代。例如如何利用大数据构建组织形象、如何分析大数据并进行战略沟通、如何结合大数据完善公共关系手段和营销技巧，甚至如何运用大数据进行公共关系预测，这基本上都是公共关系理论和实践涉足尚浅的领域，甚至在某种程度上，需要像工业生产部门一样，发挥一些想象力。

大数据时代组织公共关系的重要作用，将体现在通过“循数管理”，为组织公共关系发展提供导向和纠偏，将使组织更加自觉地用诚信规约自己的行为；组织的“数据能力”将成为组织公共关系的核心能力，“得数据者得天下”，对海量数据进行收集、整理，最终用于公共关系应用的能力，将成为组织公共关系的王牌；大数据时代信息开放模式的升级换代，将作为组织公共关系的有力载体，将把“精确公关”发挥到极致。

2. 诚信是大数据时代组织公共关系的基础

因为真正的数据不会说假话，如果大数据时代的到来，带来的是数据可获得难度降低或“数据科学家”甚至“数据公民”的群体性崛起，那么组织在任何程度上的掩饰或欺骗行为，都会被强有力的数据揭穿。到了这样一个时刻，组织的形象会不会瞬间崩塌呢？公共关系史上有相当深刻的教训，即为什么公共关系从宣传（Propaganda）的年代过渡到管理（Management）的年代，因为当公众发现组织的形象是通过宣传（特别是虚假宣传）粉饰的时候，这个组织的形象也就轰然倒塌了。①

在大数据时代，组织的绝对诚信是组织公共关系管理的基础，没有这样的判断，就没有任何可以构建的组织形象和成功的公共关系活动，因为数据的达摩克利斯之剑已经高悬在各类公共组织的头顶，大到主权国家，小到一次社区活动，几乎没有公共组织有力量逃脱大数据对其行动的追根溯源。

如果我们认可组织的绝对诚信是大数据时代组织公共关系管理的基础，我们至少需要做到：

（1）组织数据的精确。这表现在承认大数据时代数据的可追溯性，组织向公众提供数据，是什么就是什么。这就特别考验组织的数据管理能力，因为在大数据时代，元数据一旦形成，在理论上就可以追溯，组织只有对自身数据形成精确把握，才能为公众提供精确数据。试想，如果将来某个组织向公众提供的数据，较之第三方“数据科学家”提供给公众关于该

---

① 张依依.《公共关系理论的发展与变迁》，合肥：安徽人民出版社，2007 年. 主要参见第 3 章。

组织数据模糊甚多,很容易就会使组织产生"向公众隐瞒真实数据"的形象,从而在一开始就失去了组织公共关系管理的主动权。

(2)组织行为的真诚。大数据时代,组织行为的可量化程度也会急剧抬升,组织的"言"与"行"都会形成数据。组织的行为是否真诚,是否可靠,很容易通过数据化的测量,用可视化的手段展现在公众面前。在数据不发达的年代,组织可能会出现对 A 处公众的承诺,与在对 B 处公众的承诺不同,但两处都取得成功的情况。但是在大数据时代,组织行为在公众面前的透明度极大提高,人人可以访查组织的行为,且大数据的可信度往往不容置疑,这些承诺如果不是因宗教、文化、生活习惯等合理因素(如跨文化管理因素)而产生的,就很容易引发公众的不信任感,认为组织的行为并不真诚,从而被纳入"黑名单"。

(3)实事求是是组织诚信形象的指导原则。大数据时代组织的公共关系管理,将更加强调实事求是。这样的公共关系管理,可能是坦诚面对组织的优缺点。适应大数据时代的公共关系从业者,不是掌握了数据知识和数据管理能力的"救火队员",而是组织可以信任的公共关系数据预测和战略沟通专业人员,因为他们对组织的情况了然于心且实事求是,只有这样的工作态度和工作能力,才能塑造组织的诚信形象。

对于中国的国家形象和组织形象而言,数据诚信与中国文化的传播紧密相连。长期以来,中国数据的公信力在国内存在不少质疑的声音。试想,在大数据时代,我们对外公布的官方数据如果被"数据科学家"甚至"数据公民"的大数据计算推翻,这无疑是不利于中国诚信文化的对内、对外传播的。

3. 数据能力是组织公共关系的核心能力

大数据时代,组织的数据能力体现在组织的大数据搜集能力、大数据分析能力和大数据应用能力三个方面。

从知识管理的意义上讲,数据能力一度集中在"基于数据库的知识发现"(Knowledge Discovery in Database)上讨论,即数据挖掘的初始形态。随着互联网的普及和附着之上的大数据不断生成,数据挖掘不断被引入业界。

沃尔玛(Walmart),目前是世界上最大的零售商,拥有 8400 多家分店,200 多万雇员。"其雇员人数,和美国联邦政府的雇员数等量齐观";其营业额在 2013 年达到 4691.62 亿美元,超过不少中小国家的 GDP 总值,甚至超过一些发达国家的 GDP 总值(如奥地利)。

沃尔玛是最早运用数据挖掘技术的企业之一,也是数据挖掘技术的集大成者。在美国本土市场，沃尔玛的数据分析人员发现了一些看上去风马牛不相及的商品之间的微妙联系，例如，每次美国发生飓风，一种袋装小食品“Pop-Tarts”的销量就会明显上升。一般认为，手电筒、电池、水，这些商品的销售会随着飓风的到来而上升，但“Pop-Tart”的上升是不是一种必然呢？数据人员后来发现，Pop-Tart销量的上升，和飓风引发停电后人们倾向于方便获取热量的食品有关。此后，飓风来袭之前，沃尔玛就会提高“Pop-Tart”的仓储量，并将其和水捆绑销售。应该说，如果没有足够的数据，以及对数据的观察，这样的联系对于销售方来说，是很难发现的。[①] 不仅如此，2011年沃尔玛宣布与全球著名的市场调研公司尼尔森共享美国销售数，以发现更多不为人知的商品间关系。

值得注意的是，沃尔玛也将这种数据挖掘技术应用到了中国市场，用来分析中国消费者的购买习惯。具体来说，同样在2011年，沃尔玛在上海设立沃尔玛电子商务中国区总部，全面负责沃尔玛全球电子商务在中国市场的运营。

与市场营销类似，大数据时代组织公共关系管理的秘诀，也在数据能力上，而且，组织的数据能力基本上是组织公共关系管理的核心能力。

如果我们要在大数据时代打开组织的公共关系局面，必须提高以下三个方面的数据能力：

(1)数据的搜集能力。例如沃尔玛能够有这样的大数据搜集能力，其数量庞大的分店系统和顾客，为其提供了大数据集成的基础，再加上专业的数据分析人员，使每个个体的购买行为被大规模量化。目前，在公共关系行业的数据力量还比较薄弱的情况下，通过大规模投资数据设备的办法增强数据搜集能力，还不太现实。但公共关系行业的理念要先变，要承认大数据时代的数据搜集能力是公共关系管理核心竞争力之一。

(2)数据的分析能力。能否拥有和运用大型超级计算机，目前已成为衡量综合国力的一个标尺，超级计算机指能够执行一般个人电脑无法处理的大资料量与高速运算的电脑，其基本组成组件与个人电脑的概念无太大差异，但规格与性能则强大许多，是一种超大型电子计算机。具有很强的计算和处理数据的能力，主要特点表现为高速度和大容量，配有多种外部和外围设备及丰富的、高功能的软件系统。现有的超级计算机运算速度大都可以达到每秒一兆(Trillion，万亿)次以上。如果我们承认大数据是全数据，在肯定大数据分析科学性的同时，又如何排除全数据可能带来的数据干扰？解决这个问题，就不仅是数据分析技术人员可以解决的

① 徐子沛.《正在到来的数据革命，以及它如何改变政府、商业和我们的生活》，桂林：广西师范大学出版社，2012：97-98.

了，还需要数据分析专家的意见和相对独立、中立的制度建设，以保证数据分析的准确，以及不去耗费不必要的精力。在某种程度上，我们要讨论公共关系数据的分析能力，主要是如何在大数据中找对有效公共关系数据的能力。

（3）数据的应用能力。大数据的应用，可以体现在很多方面，其中特别引人注目的是基于数据分析的“预报”和“预测”。例如：大型零售商可以预计特定商品未来一段时间在各个门店的需求量；对于供应商来说，能够准确预报需求，就可以让他们合理安排库存，既不会缺货，也不会积压。数据应用让企业运营成本得到实实在在的降低，这时，数据就在不断产生价值。我们知道，数据是实实在在的，数据本身还是要通过分析，才能“说话”；通过数据应用，才能取得组织想要的效果。从数据搜集、数据分析到数据应用，是一种阶梯性质的跨越。那么，谁对数据的应用有最终裁判权？在组织的公共关系管理方面，相应的公共关系数据如何为公共关系管理者所用，还是要部分回归公共关系的战略性本质。

4. 信息开放是组织公共关系的有力载体

互联网与信息技术发展至今，组织身份数据与个人数据一样，已广泛存在于政府、银行、税务、海关等机构，和每个人的活动一样，组织本身的信息无时无刻不在被各类机构的数据库“记录”。某种程度上讲，只要联网，组织之间也在相互通过数据进行通联。实际上，组织之间的信息开放以及组织对公众的信息开放，已经成为一种必然。有时候，开放才能带来主动。

在公共关系研究中，组织对公众的经常性双向沟通、对称沟通一直被提倡，在大数据时代，组织的信息开放更应该成为组织公共关系活动的标尺。

在组织的信息开放中，最为常见的是日常管理信息的开放；最为容易引起公众关注的是组织的危机信息开放；在大数据时代，组织（特别是企业组织）要更加注重组织参与社会活动的信息开放。

（1）日常管理信息的开放。英国批判理性主义哲学家卡尔·波普尔有这样一个观点：“开放的社会是这样一个社会：在这里，人们已经认识到，要多多少少用批判的眼光来看待禁忌，人们会把个人的决定建立在他们的才智和掌控之上。”大数据时代的到来，某种程度上意味着一种大型开放社会以不可逆转之势出现，在这种情况下，组织开放日常信息，只是一种常态，也是树立公共关系形象，甚至衡量组织活跃度的基本准则。举例来说，如果公众关心某一组织，这个组织也建立了网站，而公众发现网站上的内容甚少或久不更新，这样的组织公共关系形象一定大打折扣，还不如不建立这样的网站。日常管理信息常态化发布，不仅是一种组织自信和顺应时代的表现，也是组织对公众理性程度表示信任的体现。

(2)组织的危机信息开放。危机公关，是公共关系管理的核心产品之一，危机公关最需要避免的就是信息的不开放与信息滞后。特别是在互联网时代，企业在危机出现后的第一时间发布、保证信息的准确性和善后工作，都会被大数据所记录。这就非常需要组织能够保证拥有自如应对危机信息开放的能力和自信。危机信息的开放，还应该顺势而为，如果能借助大数据的力量，变“危”为“机”，这样的组织将是伟大的，这需要组织掌握数据能力部分所谈的搜集、应用和分析能力。

(3)企业组织参与社会活动的信息开放。企业是国民经济的细胞，也是为数最多的公共组织。在大数据时代，企业组织参与社会活动的信息，应该比日常管理信息还要重点规划，加大开放力度。因为社会化媒体、自媒体产生的数据，其增长趋势和在大数据中占到较高比例，已显现出强大的力量。任何组织都应该铭记，组织有自己力量的边界，而大数据几乎能达致任何其可到之地。

从公共关系的角度理解，信息开发使组织的社会责任和组织的社会服务全面精确化。如同电视机的进化一样，公众倾向于购买影像高清、画面保真的电视机产品。当组织的形象通过大数据时代的信息公开，在公众的眼中从模糊变得高清，组织的有效公共关系亦可谓“水到渠成”。

5. 结论

公共关系研究，自其诞生之日起，就与公共组织与公众结下了不解之缘。而城市，特别是大型都市社会，又集中了各级各类公共组织与公众群体。城市中，公共组织与公众之间，公共组织之间的各种公共关系联络(Public Relations Linkages)交叉重叠，随着大数据时代的到来，这些密布城市各个角落的联络线，又化为数据传递渠道，共同形成了城市空间中的一重“天网”。大数据时代的组织公共关系管理，需要公共关系研究本身突破原有的研究视野，和都市社会结合、和大数据融合，为组织的公共关系管理提供更为精确的公共关系知识。

在大数据时代的组织公共关系管理中，诚信是大数据时代组织公共关系的基础，组织的诚信需要达到坦诚的程度；数据能力是组织公共关系的核心能力，组织的数据能力将经过严苛的检验；信息开放是组织公共关系的有力载体，组织的信息开放还需要打破传统思维的藩篱。这一切都不会一蹴而就，但大数据时代的到来，正如公共关系史上的历次革命性浪潮，将改变公共关系管理的生态。组织需要准备好迎接大数据的挑战，组织的公共关系管理更需要走在前面，去面对这样的挑战。

参考文献

维克托·迈尔—舍恩贝格、肯尼斯·库克耶. 2012. 大数据时代：生活、工作与思维的大变革. 盛杨燕、周涛译. 杭州：浙江人民出版社.

徐子沛. 2012. 正在到来的数据革命，以及它如何改变政府、商业和我们的生活. 桂林：广西师范大学出版社.

张依依. 2007. 公共关系理论的发展与变迁. 合肥：安徽人民出版社.

胡百精. 2013. 危机传播管理. 北京：中国人民大学出版社.

张雷. 2013. 公共关系学派. 杭州：浙江大学出版社.

Dietmar Harting. 2014. After show report：From vision to reality，Hannover：Hannover Messe Advisory Board.

论公共关系工作的组织形象管理本质

范　徵　杨　晨　曹姝婧*

【摘要】 组织形象是公众对社会组织的总体评价，是社会组织的表现在公众心目中的反映。组织、公众和中介构成了“组织形象三角轴”的基本要素。组织形象管理是公共关系工作的本质，这由公共关系的职能和学科属性所决定。“五流程模型”的构建，反映了组织形象管理这一战略行为的基本环节和内容。

【关键词】 公共关系；组织形象管理；组织形象三角轴；组织形象管理五流程模型

Organizational Image Management: the Essence of Public Relations Activities

FAN Zheng　YANG Chen　CAO Shujing

Abstract Organizational image refers to the general comments of the public on a social organization, a reflection of how the organization's performance impresses the public mind. Three basic elements constitute the "*image triangle*": the organization, the public and the medium. Due to the function and disciplinary attributes of public relations, organizational image management constitutes the essence of public relations activities. The construction of the "Five-Phased Model" illustrates the basic constitution of organizational image management as a strategic behavior.

Key Words Public Relations; Organizational Image Management; Organizational Image Triangle; Five-Phased Model of Image Management

---

* 作者简介：范徵，上海外国语大学国际工商管理学院院长、教授、博导；杨晨，上海外国语大学国际工商管理学院公共关系系副主任，副教授；曹姝婧，上海外国语大学国际工商管理学院讲师。

1. 组织形象概念界定

1.1 组织形象的定义

"形象"一词,在中国最早出自《尚书》《周礼》等典籍中。《尚书·说命》疏注里,提到殷王武丁梦见天帝送给他一个助手,于是回忆梦中之所见,令百工"刻其形象",让百官依其形象去民间寻找。《周礼·天官·司会注》在解释地契版图时,写到"土地之图,有其形象,即是民之田地广狭多少"。可见,形象一词的原始含义是指人的相貌、物的形状。后来,形象概念的内涵不断演进,兼而具有了美学、文学上的意义,如《韦氏大词典》对形象的定义是:通过照相、绘画、雕塑或者其他方式所制作的人、动物或者事物的可视相似物;通过镜子反射或光线折射而形成的物体的图像;大脑的反映、观念或者概念。现代营销学之父菲利普·科特勒对形象的定义是:人们所持有的关于某一个对象的信念、观念和印象。于是,在《现代汉语词典》里,形象一词就有了人的形貌、物的形状、文学意象三种解释。其中,人的形貌和物的形状是客观的、有形的东西,文学意象是主观的、无形的东西。由此可知,形象具有客观性与主观性相统一、有形性与无形性相结合的特点。

所谓组织形象,就是公众对社会组织的总体评价,是社会组织的表现在公众心目中的反映。组织形象的主体是组织,是具有一定内在精神和外在特征的组织自身;组织形象的感知者是社会公众;组织形象是社会公众通过各种组织形象中介对组织所形成的综合印象。组织形象同样具有形象所具有的客观性与主观性相统一、有形性与无形性相结合的特点。组织形象的主观性可以从如下三个方面加以理解:第一,对形象的评价容易受到评价主体的立场与需求左右而被预设,这样的形象判断自然难以做到客观公正。第二,评价主体对评价对象信息的了解往往受到信息不对称或信息透明度低的制约而难以全面,在这种情况下作出的形象判断会带有主观性。第三,不同的评价主体因其知识积累和观察问题的角度不同,对同一评价对象的形象认知会存在着差异性。

1.2 组织形象三角轴

组织形象的要素构成是一个重要理论问题,它涉及到组织形象构建的科学性和有效性。廖为建(2000)认为,组织形象由组织的产品形象、管理形象、人员形象、环境形象、文化形象、社区形象、标识形象、媒介形象八个要素构成。谢红霞(2004)提出组织形象由组织环境、组织行为、社会公众认知三个要素构成的观点。前一种观点缺少组织形象的评价主体，后一种观点包含了组织形象的评价主体，但所论“组织环境”要素的内容侧重于组织形象的外观部分。

从组织形象的定义可知，组织形象包括如下三大要素（范徵，1998；2000；2014）：组织、公众和中介。组织形象的主体是组织，是具有一定内在精神和外在特征的组织自身；组织形象的感知者是社会公众；组织形象是社会公众通过各种组织形象中介对组织所形成的综合印象。组织、公众、中介是构成组织形象的三个基本要素，这可以通过“组织形象三角轴”加以呈现。如图1所示。

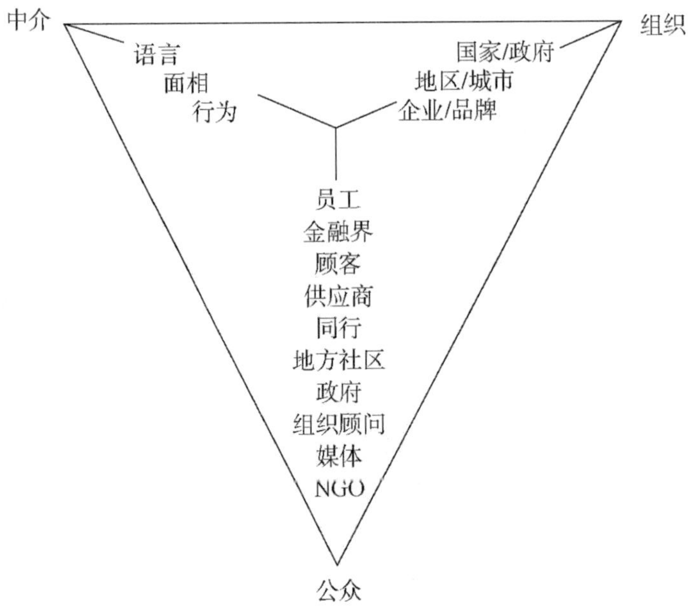

图1　组织形象三角轴

（1）组织。一般来说，无论什么类型的社会组织都需要开展公共关系工作，以获得公众支持。一般地，组织形象的主体可分为国家与政府形象、地区与城市形象、企业与品牌形象等。不同的组织主体的形象拥有各自不同的特点。

（2）公众。公众是指与公共关系主体相互影响和作用的组织、群体或个人的总和。根据不同的划分标准，公众可以分为许多种类型（Bristol，Jr.；Lee H.，1960）。比较常用的有外部公众和内部公众；利益型公众和道义型公众；潜在公众、知晓公众和行动公众。本文将公众分为员工（管理者与雇员）、金融界（股东与财经分析人员）、顾客（消费者与销售商）、供应商、同行(竞争者与行业协会)、地方社区、政府、大众传播媒介、组织顾问、NGO 等组织面临的沟通对象。

(3)中介。组织的形象是通过组织的言行举止表现出来的。组织传播的媒介方式多种多样,但与听觉、视觉及其混合传达方式相应的组织身份的表达方式主要有三种:组织语言(含使命、愿景、价值、名称)、组织面相(含产品设计、标志、其他外观、味触觉)、组织行为(含营销、公关、广告、整合传播)。这三种方式是“企业可控的形象表达组合要素”,必须是企业理念与战略的表达。形象管理的推进主体是组织内部公关部、外部公关公司、视觉形象设计公司、公共关系协会等。

2. 公共关系工作的本质是组织形象管理

2.1 公共关系学科属性决定

首先,“公共关系理论属一种管理理论”。公共关系权威学者大多强调公共关系的管理学科属性,如公共关系学创始人爱德华·伯尼斯(1923)提出“公共关系顾问”这一管理活动概念,并说“公共关系基本上不是传播学。更确切地说,它是一门应用社会科学”;美国《公共关系杂志》创办者雷克斯·F·哈洛(1976)汇集的公共关系定义,第一句就宣称“公共关系是一种独特的管理功能”;斯各特·卡特里普(1952)在被誉为“公共关系的圣经”的《公共关系教程》一书中,也把公共关系定义为“一种管理功能”;当代著名公共关系学者詹姆斯·格鲁尼格(1984)的第一部公共关系学著作,就取名叫《公共关系管理》。关于公共关系管理的内容,廖为建(2000)认为包含以下几方面:组织的公众信息管理、组织的公众舆论管理、组织的公众关系管理、组织的公众形象管理,并用“传播管理”来整合这几个概念。“传播管理”概念来自格鲁尼格(2000)对公共关系所下定义中的一个关键词组,按照格鲁尼格的本意,这一词组的重点在管理,“公共关系理论属一种管理理论”就是他在与中国公关学者对话交流时作出的论断。

其次,组织形象管理具有界定公共关系学科边界的意义。公共关系学是一门交叉学科,它是吸收管理学、传播学、新闻学、经济学、社会学、心理学等学科知识而诞生的一门应用型社会科学,这是公共关系理论界的共同认识。所以我们需要淡化学科边界,以利于丰富公共关系理论。但是,淡化学科边界不等于没有学科边界,事实上是公共关系的学科边界在相当一段时间难以做到自证其明而影响到学科发展壮大。1999 年,中国官方在关于“公关员”的职业描述中,吸收学界的研究成果,把“信息传播、关系协调、形象管理”突出出来，成为关于公共关系工作职能的一个简练表达，可以说是国内三种主要公共关系理论定位观点（传播说、协调说、形象说）的集合，其中形象说的观点最具有原创性，同时又最具有界定公共关系学科边界的意义。传播说无法与传播学的内容划界，协调说不能与行政管理学的内容区别，唯有形象说仅为公共关系学科所独有。1986年明安香主编的中国第一部公共关系学著作《塑造形象的艺术——公共关系学概论》出版，书名开宗明义使用了“塑造形象”的关键词，成为形象说的首倡者。1990年熊源伟主编的《公共关系学》教材出版，余明阳在其撰写的第一章中把“组织形象”作为公共关系理论的核心概念加以阐述，成为形象说的有力支持者。吴友富（2009）、秦启文（2004）等公关学者都曾出版过专著对组织形象管理进行专门论述，是形象说的著名代表。如今，组织形象管理是公共关系固有手段和途径的观点已被中国公关界多数人所认可和接受。

明确公共关系工作的本质使组织形象管理具有重要指导实践价值，因为：第一，组织形象是获得公众合作的重要条件，也是公共关系管理的重要目标对象。第二，组织形象是一种可造资源。组织形象是一种宝贵资源，但这种资源与别的资源有所不同，比如自然资源具有稀缺性、有限性，对自然资源的使用意味着自然资源的减少。但组织形象资源则不同，它具有可造性，而且这种可造性又不同于人造资源的替代性。正因为如此，人们才可以去建造、去修复组织形象。第三，组织形象可以创造形象经济。形象能给个体以美感和自信，形象能使组织获得认可和支持，形象能让环境向善与优化。所以组织形象可以创造出形象经济。居易（2001）指出，“形象经济是通过形象及其效应获取价值和利润的经济。形象经济以资源个性化、概念商品化、品牌资产化、传播市场化为生产力要素，形成了有别于传统经济运行模式的全新体系，展示了形象经济学广阔的研究和应用前景”。

2.2 公共关系职能决定

职能由职责和功能构成，表明“做些什么”和“有什么用”。美国卡特里普等人在《公共关系教程》中把公共关系的职能概括为八个方面：新闻宣传、广告、新闻业务代理、公共事务、问题管理、院外游说活动、投资者关系、组织发展。

关于公共关系的工作职能，不同的国家和同一个国家在不同发展时期，其涉及面会有所不同。所以，这里主要考察当代中国的公共关系工作职能情况。

1986年，中国内地最早的4部公共关系学著作问世，作者们结合中国实际，对公共关系工作职能等问题进行了探讨，成为后来公共关系学教科书的蓝本。其中，明安香(1986)认为，公共关系的主要职能是“建立信誉、争取谅解、增进效益”，即“在外界树立企业的良好信誉和形象，增进企业同内外公众的相互谅解，促使企业获得良好的经济效益和社会整体效益”。显然，在明安香看来，树立信誉和形象是最为基础的公共关系工作职能，这也与其书名《塑造形象的艺术——公共关系学概论》相吻合。王乐夫(1986)认为，公共关系的职能是“信息采集、咨询建议、传播沟通、社会交往、教育引导、协调咨商”，并指出信息采集主要是采集产品和组织形象信息，咨询建议的第一个方面内容是关于本企业知名度和美誉度的评估和咨询，传播沟通主要是做企业形象的传播沟通工作，教育引导主要是教育引导企业中每一个人重视本单位的形象和声誉。曹小元和黎岳梁(1986)提出了七条公共关系的作用，其中第一条是“为企业建立良好的形象，提高企业的声誉和知名度”。陈韵昭(1986)等人概括公共关系的职能为“守望和监视环境、传达联络和解释、参与决策、协调人事关系、组织活动”；同时指出公共关系的工作范围是“信息传播与意见沟通、行销和广告、组织形象、游说和演讲、民意测验、谈判、参与决策、处理危急事件、编辑和制作、社会交往”。

纵观这些学者对公共关系学理论体系的初步构建及其内容论述，会发现三个明显特点：第一，企业是公共关系的主要主体。这与公共关系在最初引进时是主要运用于企业实践有关。第二，协调是公共关系的重要职能。这与中国人在工作中常用的协调沟通这一管理方法和体验有关。第三，形象是公共关系的基础概念。除了陈韵昭等人关于组织形象职能的论述不太突出外，其余学者都把组织形象职能放在最基础的位置上来分析，这是一个原创性共识。在前述中国政府确认的“公关员”职业定义中，也把“信息传播、关系协调、形象管理”突出出来，三大职能之间既是并列关系，其中形象管理职能又起到对另两个职能统领的作用。

3. 组织形象管理“五流程模型”

3.1 组织形象管理具有战略性

战略性指的是具有全局性和长期性特点的意思。组织形象管理的全局性特点表现在：组织形象管理的好坏影响到组织愿景、使命和目标的实现。组织形象的两个基本指标是美誉度和知名度，其中美誉度与组织愿景、使命和目标的实现直接关联；知名度是组织形象社会化的表现，一个组织当它拥有较高的正面知名度的时候，就会获得较大社会影响力和较多社会资源支持，从而更有利于实现组织目标。可见，组织形象管理对促进组织的发展具有战略意义（Schmitt，1997）。

组织形象管理的长期性特点表现在：组织形象管理贯穿组织生存发展全过程。组织形象的树立与维护是一个长期的工作，需要长期努力方显效果，企图在短时间内通过包装和宣传提升组织形象的策略是失败的路径，包装有可能华而不实，宣传难免片面放大，社会上曝光的形象工程、面子工程就是反面例证。另外，组织形象对组织的影响是持续而长久的，公关主体必须把组织实力和组织行为的建设放在第一位，优先建设好美誉度项目，然后再提升知名度，如果违背这一原则，组织形象建设就会沦为一场公关秀，对组织的发展产生负面影响。所以，组织形象管理要立足长远，用战略的眼光来运作，进行脚踏实地的努力。

3.2 组织形象管理的“五流程模型”

按照组织形象管理的时间序列流程进行考察，我们提出，组织形象管理包括形象要素与分析、形象定位与表达、形象传播与生成、形象评价与控制、形象维护与发展五大环节，如图2所示。

图2 组织形象管理五流程模型

（1）形象要素与分析。组织形象必须建立在对本行业与竞争形象分析的基础上。创造一个组织形象，不是全凭管理者的努力和创造力就能成功的行为，而是一个由分析推动的执行过程。必须以对组织外部环境和内部状况的彻底评估为基础，来判断应该实施何种策略，发展何种形象。国家与政府形象、地区与都市形象、企业与品牌形象、NGO与国际组织形象等有不同的形象要求。

（2）形象定位与表达。组织形象定位并不是要对一个组织本身做些什么，而是要在组织的公众的心目中做些什么。即指组织确认自己在社会分工体系中所扮演的角色，然后再将这一角色内容广泛地让社会公众有所了解。也就是说，得给组织在公众的心目中定一个适当的位置。组织的形象定位属于理念性的范畴，但它必须通过感性的形式具体表达出来，才能体现为具体的形象，为公众所接受。也就是说，组织的形象是通过组织的言行举止表达出来的。与听觉、视觉及其混合传达方式相应的表达方式无非是组织语言、组织面相和组织行为三种。实际上，组织传达的根本任务就是如何正确地选择这三类方式来有效地传达组织的理念。

（3）形象传播与生成。当组织形象的定位及其表达方式设计好以后，接下来要做的就是将表征组织战略和理念的组织语言、组织面相及组织行为，及时地向组织面临的所有的内外的公众传播出去。这种传播效果的具体体现，是一个组织的组织形象的最终实现。

（4）形象评价与控制。组织形象管理活动耗费了相当的人财物力，因此有必要对组织形象企划的效果进行评价，确定其是否达到了应该达到的目标：组织销售、股价、排名、就业者的青睐、战略目标的实现以及组织品牌、商誉等无形价值的提升都是它的直接效果。形象跟踪系统的建立，形象真实度、老化度的监测等都是控制组织形象的有效方式。

（5）形象维护与发展。组织形象具有创新性和变革性，战略变迁导致形象变革，需要创造新的形象。组织形象的战略管理是一个持续的过程，需要对组织形象不断进行评价与控制。为使组织更有效地参与竞争，必须考虑对组织产品、品牌、市场和组织综合形象再定位、再命名，对组织商标、标志等视觉形象进行再设计（一般地，不轻易改变组织的名称与已有设计，万不得已才为之，诸如面临合并重建等），创造与组织战略相关的组织形象。多元化组织、并购组织、全球化组织、时尚与奢侈品组织等要求有不同的形象改变。

综上所述，组织形象管理是公共关系工作的本质，这由公共关系的职能和学科属性所决定。组织、公众和中介构成了“组织形象三角轴”的基本要素。“组织形象管理五流程模型”的构建，反映了组织形象管理这一战略行为的基本环节和内容。

参考文献

Bristol, Jr. & Lee, H. 1960. Developing the Corporate Image: A Management Guide to Public Relations. New York: Charles Scribner's Sons, 1-23.

Childs, H. L. 1940. An Introduction to Public Opinion, New York: John Wiley and Sons, 13.

Harlow, R. F. 1976. Building a public relations definition, Public Relations Review, 2,4:36.

Jefkins, F. 1988. Practical Public Relations, Financial Times Prentice Hall.

Kotler, P. 1994. Marketing Management: Analysis, Planning and Control. Prentice-Hall, Inc.

Nye, J. S. Jr. 2004. Soft Power: The Means to Success in World Politics, Perseus Books Group.

Schmitt, B. 1997. Marketing Aesthetics:The Strategic Management of Brands, Identity and Image, Free Press.

爱德华·伯尼斯. 1923. 转自张依依著公共关系理论的发展与变迁. 安徽人民出版社:250.

曹小元、黎岳梁. 1986. 企业公共关系必读. 广东人民出版社: 22.

陈韵昭. 1986. 实用公共关系手册. 南风窗杂志增刊: 7.

范徵. 1998. 第三代CI:企业形象的战略管理. 上海外语教育出版社:1-21.

范徵. 2000. 试论企业形象与战略的互动. 科学学(3).

范徵. 2014. 公共关系学:组织形象管理的学问. 高等教育出版社.

郭惠民、廖为建、格鲁尼格. 2000. 关于公共关系学若干基本问题的国际对话. 国际关系学院学报(1).

居易. 2001. 形象经济与形象经济学. 苏州城市建设环境保护学院学报(4).

罗长海. 2001. 关于形象五层含义的哲学思考. 社会科学辑刊(3).

廖为建. 2000. 公共关系学. 高等教育出版社:178-180.

明安香. 1986. 塑造形象的艺术:公共关系学概论. 科学普及出版社:73.

斯各特·卡特里普. 2001. 公共关系教程. 华夏出版社:7.

秦启文、周永康. 2004. 形象学导论. 社会科学文献出版社: 81-96.

王乐夫. 1986. 公共关系学. 辽宁人民出版社:65.

吴友富. 2009. 中国国家形象的塑造和传播. 复旦大学出版社.

谢红霞、胡斌红. 2004. 中国新公关:组织形象塑造. 经济管理出版社:11-13.

熊源伟. 1990. 公共关系学. 安徽人民出版社.

邢颖. 2007. 中国公共关系二十年:理论研究文集. 北京大学出版社:97-100.

应对消费者行动主义的策略模式

郭惠民*

【摘要】 行动主义是现代公共关系理论中的一个重要概念，如何有效地应对消费者行动主义，现已成为企业公共关系面临的一大挑战。“双向平衡模式”从理论上为我们提供了一个应对消费者行动主义的策略模式，但仍需更多的实践验证。另一方面，现代博弈论的研究成果也为我们提供了一个与“双向平衡模式”相呼应的应对消费者行动主义的新思路，对其进一步的探讨有助于我们对“双向平衡模式”进行更深层次和更全面的思考。

【关键词】 消费者行动主义；公共关系；双向平衡模式；博弈论

Strategic Model for Dealing with Consumer Activism

GUO Huimin

Abstract Activism is an important concept in modern public relations theory. Now, a big challenge for corporate public relations is finding an effective model for dealing with the consumer activists. The Two-Way Symmetrical Model provides us with a strategic model in that area from theory, but it calls for more evidence from practice. From the other point of view, the results of game theory studies also show us a new approach other than the Two-Way Symmetrical Model, and it will help us to develop a more in-depth comprehensive thought of that model.

Keywords Consumer Activism; Public Relations; Two-Way Symmetrical Model; Game Theory

---

* 作者简介：郭惠民，国际关系学院副院长，教授。

行动主义(Activism)和行动主义者(Activist)是现代公共关系理论中的一个重要概念,被认为是在不同的文化背景里运用公共关系普遍原则必须考量的五大因素之一。其他四个因素分别为:政治经济体制;文化,包括语言;社会发展水平;媒介体制(郭惠民,1998)。所谓行动主义指由两个以上的个人构成的群体有组织地通过教育、妥协、劝服、压力策略或强力等行动以影响其他公众,这样的个人又被称为行动主义者(Grunig,1992)。在国外,行动主义者包括环保运动、消费者权益运动、女权运动的群体。与行动主义相近的概念有利益群体、压力集团等,这些概念的含义略有差别,但其有一个共同点,即它们都是有组织的群体为了一个事业或一定的缘由向一个组织(企业)施加压力。行动主义和行动主义者只是行为更为激进,更具冲突性。

中国社会的发展,尤其是市场经济的发展,令中国的消费者渐趋成熟,他们的维权意识空前高涨,由消费者投诉引起的商业纠纷急剧增多,行动主义者也频频涌现,我们的企业在市场上越来越感受到他们的力量,甚至是压力。如果说中国市场上存在行动主义,那首先或者势力最大的就是消费者群体。当代中国企业公共关系面临的一大挑战,就是如何应对消费者行动主义或行动主义消费者。

1. 双向平衡模式的思路和策略

近年来,从"砸大奔"事件,到某品牌笔记本电脑被"水葬",还有一些购买了房产的业主的偏激举动来看,消费者行动主义已是屡见不鲜。正如有人所说,如今的消费者在受到伤害时已经不再向消协投诉,而是敲锣打鼓地闹得满世界皆知。问题究竟出在哪里,在企业,还是在消费者?

在这类问题上,我们经常看到,当事的企业总是责怪消费者"不成熟""不理性""不可理解",但结果非但无助于问题的解决,相反,更加剧了消费者的愤怒,迫使他们采取更为偏激的行动。

通常,当消费者感到(甚至害怕)自己受到伤害、面临危险,或认为自己的价值观和信念受到威胁,或意识到自己无力、无助、无法掌控局势,或觉察自己遭遇欺骗、被人忽视,都可能变得愤怒、激进,进而采取行动,成为行动主义者(Lawrence,1997)。而由于行动主义易被社会、媒体、公众高度关注,它又很可能从一种个体行为演变成一种"群众运动"。

如何应对消费者行动主义或愤怒的消费者,并化解矛盾、冲突,讲究双赢的"双向平衡模式"的传播管理提供了解决问题的一种很好的思路和策略。

1975年,美国学者詹姆斯·格鲁尼格(James E. Grunig)完成了对公关从业人员行为的第一份研究报告，并提交给一家新闻学杂志发表，一位匿名的评审人对他研究的基本出发点提出异议。幸好杂志的编辑接受了格鲁尼格的观点，并于 1976 年发表了他的研究报告。由此启动了关于公关实践模式的研究。

在格鲁尼格关于公关实践模式的最初研究中，他最先导入的是单向和双向传播的概念和模式，但有所发挥，即将这两种传播模式不仅定义为路径方向，更视其为传播的目的。另外，他还借用了语言学中的两个概念，即“共时”(Synchronic)和“历时”(Diachronic)，以此来描述两类公关实践。所谓“共时”传播的目的在于使公众的行为同步于组织的期望，组织可按预想行为而不受干扰；“历时”传播的目的在于组织和公众通过谈判，使双方获益。

此后的研究中，学者们发现以上的模式和概念过于粗略，难以准确反映公关实践的现实，更难以深入探讨由谁来运作这些模式和在何种情形下这些模式被使用。1984 年，格鲁尼格用“平衡”和“非平衡”的概念取代了“共时”和“历时”的概念，以“平衡”强调公共关系的目的在于达到平衡的传播和效果，而非不平衡的传播和效果。由此，格鲁尼格在与另一位学者合著的《公共关系管理》(1984)一书中，首次概括了公共关系实践的四种模式，它们分别是：新闻代理/宣传模式(Press Agentry/Publicity Model)；公共信息模式(Public Information Model)；双向非平衡模式(Two-Way Asymmetrical Model)；双向平衡模式(Two-Way Symmetrical Model)(Grunig, 1984)。

传播可以导致矛盾、冲突，也可以减少矛盾、冲突，关键在于传播沟通的有效性。《公共关系管理》一书的作者当时曾推测，今天的公关实践中，有 50%组织使用公共信息模式，有 20%的组织使用双向平衡模式，有 15%的组织使用新闻代理和双向非平衡模式。但具体的调查显示，大部分组织在公关实践中使用较多的还是新闻代理模式，但情况也视组织的性质和面对的公关问题而有所变化。国外前些年的研究也表明，少有组织运用双向平衡模式处理行动主义者事务，但也发现其他模式无助于减少与行动主义者的冲突。有学者认为，在危机处理、与行动主义者或政府沟通的公关实践中，双向平衡模式也许是唯一的选择(Grunig,1986)。

双向平衡模式注重双赢，其方法要则为：坦诚、沟通、信任、理解、谈判、让步、妥协、调解与协作。依据双向平衡模式，处理与消费者行动主义的矛盾和冲突时，有以下一些原则：组织并不需要赞同愤怒的消费者的激进行为，但必须对问题表示关切，承认消费者所关心的事项；注意倾听，鼓励双方共同寻找解决问题的方案；愿意与消费者分享权利，增进彼此的信任；显示责任感，承诺降低消费者的损失；牺牲短期利益，把焦点集中在长期关系的建立上。

与意见有重大分歧者的有效传播沟通要比与意见相近者的传播沟通更为重要，也更常见，难度也更大。“双向平衡模式”从理论上讲虽不失为应对消费者行动主义的一种思路和策略，但在实践中还有待更多的操作予以印证。

2. 博弈论的思路和启迪

前几年国内曾上演一部美国奥斯卡获奖大片《美丽心灵》(*A Beautiful Mind*)，其主人公原型是美国普林斯顿大学数学教授约翰·纳什(John F. Nash)。纳什是现代博弈论(Game Theory)的代表人物，被称为“天才的数学家”。他和另外两位数学家在非合作博弈的均衡分析理论方面做出了开创性的贡献，并对博弈论和经济学产生了重大影响，从而获得1994年度诺贝尔经济学奖。当年瑞典皇家科学院的公报称：“纳什由于引入了合作博弈与非合作博弈的区分，并为非合作博弈创立了一种均衡概念。这种均衡概念现在被命名为‘纳什均衡’。”

“给定你的策略，我的策略是我最好的策略；给定我的策略，你的策略也是你最好的策略。”这就是“纳什均衡”概念最简单、通俗、直观的表述。实际上，博弈首先分零和博弈与非零和博弈。所谓零和博弈，就两方而言，就是胜方所得与负方所失相同，两者相加，正负相抵，和数为零；非零和博弈，情况比较复杂，至少可以有和数为负，即“双输”，或为正，即“双赢”。非零和博弈又可分合作博弈与非合作博弈，现代博弈论研究的是非零和博弈。合作博弈与非合作博弈的区别在于博弈方行为相互作用时，能否达成一个具有约束力的协议。如果有，就是合作博弈；反之，则是非合作博弈。

纳什的主要贡献在于对非合作博弈的研究，其学术成果体现在他1950年和1951年的两篇关于非合作博弈的论文中(其中一篇为其博士论文)，而其中最耀眼的亮点就是关于非合作博弈存在均衡点的“纳什均衡”。“纳什均衡”概念作为非合作博弈理论的核心概念，奠定了这一理论的基石，促进了博弈论与现代经济理论的结合。

这里我们无意过多地探讨复杂的博弈理论，只是想借用其中的一些概念就其应对消费者行动主义的策略方法进行另解思考或并行诠释，类似“打个比方”。组织(企业)与消费者行动主义的对抗冲突，如同非合作博弈，而非合作博弈的一个结局就是非零和博弈中的“双输”，显然这是任一博弈方都不愿看到的。问题首先是此类冲突中，博弈方经常陷入零和博弈的误区，只求己方胜出，对方败出，结果冲突非但得不到解决，反而多有加剧之势，很容易转换成了非零和博弈，且形成“双输”的结局，也就是我们常说的：两败俱伤，同归于尽。

以“纳什均衡”为基础的非合作博弈理论及其后来的发展，尤其是其进入主流经济学后，探究主题之一是人与人之间行为的相互影响和作用，人们之间的利益冲突和协调一致，竞争与合作等。既然“纳什均衡”是存在的，且有多个均衡点，这就意味着非合作博弈不止有一个结局。现代社会讲和谐，现代市场经济进入竞合时代，显然“双赢”的结局是大家最乐于所见的，也是有利于社会整体的稳定和发展的。这样就进入了组织与消费者行动主义对抗冲突问题的另一面，即承认其为非零和博弈，但若博弈方都只是选择自己的最佳策略，而不考虑社会总体效率或其对手的利益，则各自利己的行为也会导致一个对各方都不利的“纳什均衡”结局。这也是非合作博弈理论所揭示的个人理性与集体理性相冲突的深层次问题。

这样，此类冲突问题的解已经得出。与纳什同获1994年度诺贝尔经济学奖的另一位博弈论专家莱因哈德·泽尔腾(Reinhard Selten)曾说过：“现代博弈论是一门以数学为基础的、研究对抗冲突中最优解决问题的学科，对于人类而言，它最重要的贡献就在于它能够促进人类思维的发展，促进人类的相互了解与合作。”

既然从利己目的出发，结果会损人不利己，既不利己也不利他，那么合作就是最有利的“利己策略”。而合作就需要沟通、理解、谈判、让步、妥协，至少博弈方均应选择自己的次佳策略，其基础则是互信的建立。其实，现代博弈论对合作博弈的研究早于对非合作博弈的研究，合作博弈理论与非合作博弈理论也有交叉、融合和交替。非合作博弈可视为合作博弈中合作程度最低的，而合作程度越高，就能够保证一个有效率，或者总体效率越高，趋于“双赢”的结局。

确实，现代博弈论的研究成果为我们提供了一个与公共关系“双向平衡模式”相呼应的应对消费者行动主义的新思路，对其进一步的探讨也有助于启迪我们对“双向平衡模式”进行更全面的思考。

3. 关于进一步研究的思路和方向

在公共关系研究中引入现代博弈论的一些概念，源于对“双向平衡模式”的批评。这些批评包括，学者们发现其例证多为反证，即认证平衡模式的优越性是建立在非平衡模式的失败性上，少有直接的实证；该模式过于概念化，实际操作经验被简约，与现实情形有较大差距。为此，有的学者提出了替代性的观点，如引入博弈理论，认为其较之平衡模式更为实用，这方面的代表性人物是美国学者普丽西拉·墨菲(Priscilla Murphy)，其论文有“平衡性的局限:平衡与非平衡公共关系的博弈论方法”(1991)。她指出:在现实中，组织与公众的冲突是难免的，一味强调平衡不见得有利于沟通双方。博弈理论注重沟通谈判过程中的“循环反应”，双方不断修正自己的立场，有机会和可能达成双赢的目标(孙秀蕙，1997)。为此，她提出了以融合双向平衡和非平衡模式的混合模式取代单一的双向平衡模式的观点。

对于这些批评，格鲁尼格教授在他与另外两位学者合著的《卓越公共关系与有效的组织》(2002)中也有专门的回应。如:他们认为墨菲的观点恰好反映了“双向平衡模式”构思的初衷。双向平衡模式并不一定是纯合作博弈的模式，也不是一味迎合公众利益的模式(Grunig，2002)。这是否也说明了现代博弈理论的一些概念与双向平衡模式的理念有异曲同工之处呢?

继1994年瑞典皇家科学院将诺贝尔经济学奖首度授予博弈论学者约翰·纳什、约翰·哈萨尼(John Harsanyi)和莱因哈德·泽尔腾(Reinhard Selten)三人之后，2005年度的诺贝尔经济学奖又再度为博弈论学者斩获，两位获奖者是以色列希伯来大学的罗伯特·奥曼教授(Robert J. Aumann)和美国马里兰大学的托马斯·谢林教授(Thomas C. Schelling)，他们“通过博弈论分析增进了人们对冲突和合作的理解”。由于现代博弈论分为合作博弈与非合作博弈两大研究领域，根据诺贝尔经济学奖授奖的“平衡”规律，1994年非合作博弈研究领域的学者获奖，此次合作博弈研究领域的学者获奖似成必然。但从更深层次上看，这符合人类社会希望通过加强合作减少冲突，走向和谐世界的愿望。

2005年度诺贝尔经济学奖获得者中，奥曼教授主要研究合作问题，而谢林教授主要研究冲突问题。当然，谢林研究冲突问题的目的是为了减少冲突，而奥曼研究合作问题则是以冲突的研究为基础。

谢林教授在其研究中，通过对人类的动机和行为的分析，指出造成冲突的根本原因在于个人理性与集体理性的矛盾。由于资源的有限性，若博弈各方都是以自身利益的最大化为目的，冲突必然产生。在博弈理论里，以个人理性为基础的博弈，属非合作博弈研究的范畴;以集体理性为基础的博弈，则属于合作博弈。也可以这样说，合作博弈强调集体理性，注重效率、公正、公平;非合作博弈强调个人理性、个人最优决策，其结果可能是有效率的，也可能是无效率的。谢林的研究还提出，如果是一次性博弈，合作的可能性甚微;但如果存在长期关系，那么博弈方为了长期利益，可在短期有所让步，就此证明了合作的结局只有在长期关系中才能形成。

奥曼教授的研究也有类似的结论。他认为，长期关系更容易促进合作，而合作关系在只有一个对手的情况下更容易维持。作为"正式对所谓'无限重复博弈'作全面分析的第一人，他的研究准确确认了依赖于长期关系，一段时间内可以维持什么样的结果。"确实，在现实世界的许多场合，一个长期的关系较之于一个一次性的交往更容易保证合作的维持，短期博弈往往具有局限性。当博弈方互动不太频繁的时候，当这种互动关系有破裂的可能的时候，当时间视界很短的时候，或当其他方的行为不能被清楚地观察到的时候，合作会变得很困难。奥曼提出的重复博弈理论使人们对合作的先决条件和必要前提有了更深刻的理解。

现代公共关系的研究正从传播管理走向关系管理，组织与公众的互动，无论是日常性的沟通，还是危机中的协调，卓越的公共关系都越来越重视组织与公众长期关系的建立、维护和管理，以增进理解，加强合作，减少冲突，理顺关系，争取和谐。所以博弈论的这些最新研究成果很值得我们公共关系的学者去认真研究，并予以引入。

参考文献

Grunig, J. E. & Hunt T. 1984. Managing Public Relations. Holt, Rinehart & Winston: 22.

Grunig, L. A. 1986. Activism and Organizational Response: Contemporary Cases of Collective Behavior. Paper presented at the meeting of the Association for Education in Journalism and Mass Communication, Washington, DC.

Grunig, L. A. 1992. Activism: How it limits the effectiveness of organizations and how excellent public relations departments respond. In Excellence in Public Relations and Communication Management. Edited by Grunig, J. E., Lawrence Erlbaum Associates: 285—286;504.

Grunig, L. A., Grunig J. E. & Dozier, D. M. 2002. Excellent Public Relations and Effective Organizations. Lawrence Erlbaum Associates: 309.

Susskind, L. E. & Field, P. T. 古映芸译. 1997. 群众公关. 台北：台湾稻田出版有限公司：33—34.

读者来信. 2002. 把消费者逼成行为艺术家". 三联生活周刊(24).

郭惠民. 1998. 当代国际公共关系(第二版). 上海：复旦大学出版社：312.

廖家财、李仁贵. 2005. 迟到的诺贝尔经济学奖——2005 年度诺贝尔经济学奖解读. 光明日报. 10 月 8 日.

孙秀蕙. 1997. 公共关系：理论、策略与研究实例. 台北：台湾正中书局：80-81.

危机管理二题

叶茂康*

【摘要】 本文结合我国近年来发生的若干危机事件，从两个侧面对危机管理问题进行了研究和思考，并对有关概念作了梳理。本文认为，凡危机，都是人类社会某些组织所遭遇的危机。这些危机，是特定的社会组织应该并且可以实施某种管理的。所以，必须重视危机管理的主体问题。所谓危机，也是对特定的管理主体而言，因某一突发事件而受到相当程度的损害，其事态发展可能危及组织根本利益这样一种危险而紧急的境遇或时刻。同时，危机管理绝不仅只是传播管理，而首先应该是社会组织的行为管理。行为第一，传播第二。在绝大多数情况下，传播管理应该和行为管理有机协调，并作为行为管理的一种支持和呼应而存在，决不能本末倒置。如此，才能实施真正有效的危机管理。

【关键词】 危机；管理主体；行为管理；传播管理

Two Issues on Crisis Management

YE Maokang

Abstract Based on several crisis events in China in recently years, this paper focuses on two aspects of crisis management and their related concepts. Crises in a destructive event encountered by organizations should and could be managed. Crisis is a jeopardous and emergent event that damages an organization, and even endangers its fundamental interests. To every organization, crisis management entails not only communications management, but also action management. Actions should procede communications. In most cases, effective crisis management demands that communications management should complement and sup-

* 作者简介：叶茂康，上海师范大学人文与传播学院副教授。

port action management, not the other way around.

Keywords Crisis; Subject of Management; Action Management; Communications Management

危机管理,是近年来理论界和实务界的一个热门话题。但细辨之下,却不难发现,在一些基本观点上,人们的认识似乎还存在着某种偏误,并因此而影响了对一些现实问题的判断。有感于斯,不避浅陋,拟此二题。

1. 危机的概念和管理的主体性

当我们开始讨论危机管理问题的时候,首先不能不指出这样一个现实:在一些学者的论述中,“危机”这一概念本身就存在着某种模糊性。甚至不妨说,有些论著是在对“危机”这一概念的内涵还没有准确把握的前提下谈论危机管理问题的。由于概念的不严谨,不少论述难免对错交杂、似是而非。这里,实证的方法(如罗列和分析一些案例)并不能真正解决问题。

比如,一些公共关系论著喜欢把突然发生的灾难性事件称之为“危机”。于是,一些突发性的自然灾害,如飓风、地震、传染性疫病等,都被列入了“危机”的范畴。这些论述,粗粗一看,似也不错;仔细一想,问题就来了:一些突发性的自然灾害,究竟是谁的危机?它们又是在什么意义上对什么对象构成了危机?这些疑问,看不见回答。也许,在一些学者看来,这是不言自明的,所以无须解释。但实际上,问题远没有这么简单。

应该看到,在日常用语中,“危机”一词多少有点被滥用了。人们常用这个词来泛指那些比较危险而紧急的境遇或时刻,所以有“经济危机”“自然危机”“健康危机”“婚姻危机”等种种说法。这类泛化的用法,当然并无不可。但有一点也是清楚的:理论概念,毕竟不能像日常用语那么随意。这就如同我们在美学理论上讨论“美”的时候决不能把“美味”这类泛化的用语引为依据一样。严格地说,当我们在危机管理的框架内谈论危机的时候,所谓危机,都是对特定的主体而言的。这一主体既不可能是某一个人,也不可能是泛泛的人类群体,而应该是某些具有管理职能的社会组织。质言之,凡危机,都是人类社会某些组织所遭遇的危机,而不存在没有特定对象的泛泛的“人类危机”或“自然危机”。同时,这些危机又是特定的社会组织应该并且可以实施某种管理的。这是一个最基本的大前提。离开了这一大前提,离开了特定的具有管理职能的行为主体,危机管理根本就无法讨论,也不必讨论。

同时,正如大家所公认的,危机具有突然爆发的特点,危机事件一般都是突然发生而需要紧急应对的事件。但亦如有的学者所指出:“突发的概念强调的是事件发生的不可预测性,紧急事件则强调的是事件处理的时间迫切,这两者并不能等同于危机事件。”关键在于,对于一个特定的社会组织来说,突然发生而需要紧急应对的事件之所以构成危机,乃是由于这一突发事件已对该社会组织现有的架构、资产(包括有形资产和无形资产,如形象、声誉等)造成了相当程度的损害,并有可能危及其根本的利益,从而令该社会组织面临着一个必须快速反应的危险的时刻。尤其需要强调的是,这里所说的“危险”,决不是什么可能的或潜在的,而是现实的。否则,由于几乎没有一个社会组织不存在可能的或潜在的危险,则差不多所有的社会组织都可以声称自己处于危机状态了。

如果上述说法可以成立,则就不难发现,把飓风、地震、传染性疫病等突发性的自然灾害称为“危机”,在理论上似乎是不够严谨的。因为它缺乏相对应的具有管理职能的行为主体。或者说,这些突发性的自然灾害所伤害的对象,和具有管理职能并负有应对这些突发事件职责的行为主体并不是同一的。比如,“5·12”汶川大地震,无疑是一场罕见的破坏力极大的突发性自然灾害,令震区百姓生命财产损失极为惨重。但这能不能称之为“危机”,却是可以讨论的。因为,如果说这是“危机”,则问题就来了:其相对应的具有管理职能的行为主体又是谁?如果说是震区的受灾民众,则他们对这一所谓的“危机”又如何来行使管理职能?如果说是中央和地方政府,则地震突发伊始,政府原有的架构和声誉又受到了什么样的损害?这些问题,似乎并不那么容易回答。

这里,我们不妨比较一下2003年的非典疫情和这次“5·12”汶川大地震。前者虽然一般归类为公共卫生事件,但由于这一传染病的发生和蔓延具有非人为的特点,所以亦不妨视为一种自然灾害。众所周知,非典事件引发了一场政府形象和信誉的危机。但这一危机的形成,似乎并非因为“非典”这一传染病的突然爆发,而是由于卫生主管部门和某些地方政府不但没能及时、有效地应对这一突发事件,反而隐瞒真实情况,发布虚假信息,一度丧失了作为公共管理机构应有的诚信和责任,从而引发了国际社会和国内公众的广泛批评。与其形成鲜明对比的是,这次“5·12”汶川大地震发生后,中央和地方政府一方面立即启动应急预案,大力抢救灾区民众的生命财产,乃至温家宝总理第一时间赶赴震灾现场亲自指挥,保证了救灾工作的应对有序,另一方面又坚持信息披露的迅速及时和高度透明,并注意调动各种媒介手段,与公众进行广泛的沟通和互动,从而充分体现了政府积极行动、取信于民、高度负责的态度。所以,“5·12”汶川大地震,虽然是华夏大地上的一场灾难,但中国政府却并没有因此而陷入危机之中。恰恰相反,正因为政府在这一突发性自然灾害事件中的快速反应、果断行动和信息公开化，极大地提升了中国政府的良好形象，令世人为之赞叹。

比较这两个案例，可以得出什么结论呢？结论就是：突发性的自然灾害，对政府是不是一场危机，关键就看这类自然灾害的发生是否是由于政府管理行为的失职（如能预报的不预报，可预防的没预防）而引发的。如果某一突发性的自然灾害的发生半是“天灾”，半是“人祸”，则政府就难辞其咎，马上就面临着公众的信任危机，就会动摇其统治和管理的根基。但如果某一突发性的自然灾害的发生纯属不可预料的“天灾”，政府在这方面没有任何过失，则就很难把这一突发公共事件简单地比附为政府的危机。因为在这一突发性的自然灾害发生时，政府的架构和声誉还没有受到什么损害。当然，这类突发性的公共事件，政府如果不能有效应对，其形象和声誉有可能受损，即可能会遭遇危机。但可能性不等于必然性。把可能遭遇的危机说成是现实的危机，本身就是一种概念的模糊。所以，不作具体分析，不分青红皂白，把所有的突发性自然灾害都称之为“公共危机”，这在理论上似乎是不够严谨和严肃的。其结果，只会导致认识上的某种混乱。

耐人寻味的是，国务院于2006年颁布的《国家突发公共事件总体应急预案》和全国人大常委会于2007年通过的《中华人民共和国突发事件应对法》，都没有把那些突然发生，造成或者可能造成严重社会危害，需要采取应急处置措施予以应对的自然灾害、事故灾难、公共卫生事件和社会安全事件称之为“危机”，而是以“突发公共事件”来概括。应该说，这样的文字表述，分寸把握得还是相当准确的，值得某些研究危机管理的专家学者借鉴。

其实，对众多经济型社会组织来说，情况又何尝不是如此呢？在有些公共关系论著中，作者往往不加辨析地把地震、雷击、洪涝、风灾、雹灾等一些突发性自然灾害，统统称之为企业的危机事件，就显得有点随意了。如前所说，只要这些突发性自然灾害的爆发不存在企业管理行为失职的因素，没有对企业原有的架构和声誉造成明显的损害，即便在有形资产上有一些损失，也很难称得上是真正意义上的危机。如果延伸一下，则诸如恐怖袭击、外人破坏等突发事件，亦可作如是观。有趣的是，一些论著在谈论这类所谓的“危机”时，所列举的特点竟然是“大部分无法预见”“具有不可控性”“容易得到社会各界和内部公众的同情、理解和支持”，这就更加令人纳闷：如果危机的发生是如此的不可预见和不可控，那我们的众多企业还要危机管理干什么？如果遭遇的危机能够赢得社会公众的同情、理解和支持，则对特定的企业来说，这究竟应该称之为“危机”还是某种“良机”呢？

顺便说一句，在一些论著中，不少学者很喜欢强调“危机”一词的中文表述。他们往往把“危机”两字拆开来，说什么“危机”含有“危险”和“机会”这样双重的意思。坦率地说，这多少有点玩弄文字游戏的意味。危机者，危险而紧急的时机也，又何尝有什么“机会”的含义？正如有的论者所指出，在许多情况下，危机就是危机，就是一种必须面对和化解的危险，谈不上什么机会不机会。否则，岂不是等于说没有危机就少了某些机会，人们还应该很高兴地期待危机的到来？以河北三鹿集团因“毒奶事件”而面临的危机来说，我们就根本看不出这一危机本身还蕴含着什么机会。至于说痛定思痛，端正态度，积极整改，以求重新获得社会公众的认可，那完全是后话，而且还未必一定能东山再起。如果说这也算是一种与“危险”并存的“机会”，则就未免有点自欺欺人了。

也许，只有在一种情况下，这种所谓的“危险”和“机会”并存的可能性才存在。那就是，某一突发事件的发生，与特定的社会组织的管理行为没有直接关联，而对这一突发事件的妥善应对和处理，则考验着这一社会组织的应急管理能力。质言之，对这一社会组织来说，突发事件本身，并不构成真正的危机，唯有处理这一突发事件不当，才有可能构成危机；反之，如反应迅速，处置得当，态度真诚，行动果断，则有可能提升这一社会组织的社会声誉。但这和某些学者的说法已截然不同了。

同时还需要指出的是，即便是一桩能真正称得上“危机”的事件，对于不同的管理主体来说，其意义也是截然不同的：A企业遭遇危机，对B企业来说也许是一个可以借势崛起、扩大市场份额的良机；某国政府遭遇的危机，对另一些国家政府来说也有可能正是某种提升自身影响或摆脱自身困境的可乘之机。一些具有人为因素的突发性公共安全事件亦如此。就一个国家来看，如果这些人为因素仅限于企业或基层政府这一层面，就当事的社会组织而言，这当然是一场不折不扣的危机，但对中央政府来说，如能及时发现，果断处理，也完全有可能是一个整顿秩序、严肃纪律、规范市场，从而推动整个社会更健康发展，并在国际社会面前体现政府高度责任心的有效突破口。从这一意义上，我们倒是可以同意所谓危机事件中“危险”和“机会”并存的说法，只是其“危险”和“机会”已分属于不同的管理主体了。

所以，关键还是要辨明危机管理的主体性问题，并在此框架内去把握“危机”的内涵，而决不能离开管理主体泛泛而论。质言之，主体性、突发性、紧急性、危险性这四个方面，构成了“危机”这一概念的基本要件。也因此，我们不妨对“危机”作出这样的诠释：对特定的管理主体而言，因某一突发事件而受到相当程度损害，其事态发展可能危及组织根本利益这样一种危险而紧急的境遇或时刻。同样，所谓“危机事件”，亦可理解为突然发生而对特定的社会组织造成相当程度损害，并有可能危及其根本利益，从而需要紧急应对的事件。

这样的表述也许仍然不够严谨，但比起某些泛泛的谈论，在内涵上是否稍许明确了一些呢?

2. 危机管理：核心是行为管理

在公共关系理论界和实务界，危机管理往往被许多人视为一种传播管理，或主要是传播方面的管理。比如，前些年出版的《直面危机》一书，编著者在其前言中就明白无误地宣称："只有你我知道的秘密不是危机，它只是潜在的危机。只有当所有的人都知道了，你的员工，你的消费者，你的公众和媒体都知道了，并且夸大了危险，形成恐慌，才成为危机。因此，危机管理的核心是传播，是由少数人知道到多数人知道的过程。"而一本在国内很有影响的公共关系教材也如此介绍："许多专家认为，危机管理在相当程度上就是危机传播管理。"

事实上，许多人士不仅在理论上如此来理解危机管理的内涵，在实践中似乎也是这么做的。他们把主要精力放在了危机传播管理上。尤其当他们所服务的社会组织有危机发生时，不少人士首先想到的不是如何尽可能地封锁消息，不让社会公众知道真相，就是怎样以别的事件来转移社会公众的注意力，以减轻当事的社会组织的应负责任和舆论压力。即便是一些比较规范的做法，如及时召开新闻发布会，公布真实信息，刊登致歉公告等，基本上也还是囿于传播范畴。其他方面，往往就较少顾及了。

坦率地说，这样的理论和实践，存在着一定的偏误，很值得人们反思。

不妨以三鹿"毒奶"事件为例。这一危机事件爆发后，有些人士批评三鹿集团方面不懂公共关系，不懂危机管理。仔细想想，这样的批评其实并不很准确。关键的问题还是三鹿集团（以及为他们提供公共关系服务的专业机构）秉承的究竟是一种什么样的危机管理理念。如果同意"危机管理的核心是传播"的理论，同意"只有你我知道的秘密"只要不泄露出去就不是危机的观点，并以此来观照和审视，则三鹿集团高层和有关人员就是不折不扣地这样做的。其结果，就是把早已发现的问题一压再压，不采取任何有效的整改行动，直到最后东窗事发，致使整个企业和品牌形象轰然倒塌。

网上流传甚广并经有关报刊披露的北京某广告公司给三鹿集团的危机处理建议方案，尽管有人质疑其真实性，甚至认为广告公司根本不懂危机管理，但细细推敲之余，不难发现，这一方案存在的真实程度是相当高的，而诸多国内外广告机构同时在开展公共关系方面的业务也早已不是什么秘密。事实上,撇开这一方案在文字表述上的一些细节问题不论,单就其所提出的三点建议来说,人们亦不难看出某些公共关系界人士的习惯思路和操作套路。比如,建议一:“尽一切可能安抚本次事件的所有消费者,满足他们的一切条件,力保本事件的当事人在2年内不再提及此事件。”这不就是想把企业所犯的过失牢牢地控制在“只有你我知道的秘密”这一范围之内吗?这一思路,与某些公共关系专家学者的想法何其相似,你能说它不够专业吗?建议二也是如此:“强烈建议在此事还未大肆曝光的特殊时期,尽快与百度签订300万的框架协议,小网站的恶意报道均可被删除。如遇到国家权威机构通报或发生重大影响的负面新闻时,三鹿集团在上层协调政府部门公关,××××(即某广告公司)公关媒体,共同配合将负面影响大事化小,小事化了。”这一为掩盖企业自身失误、应对舆论危机而想方设法与媒体建立良好合作关系,抢夺新闻话语权的思路,想必不少公共关系业人士也不会陌生吧?更何况,按这份建议方案披露,蒙牛、伊利、汇源等企业早就与百度达成了这样的协议,享受了新闻保护政策,似乎这类做法已成了某些企业危机管理的惯用方法。至于建议三,则显得更有一点谋略了,即已经预想到在牛奶中掺杂三聚氰胺恐非三鹿一家所为,所以,建议三鹿集团方面安排人员搜集行业中其他企业同类事件的资料。这样,一旦被媒介曝光,“三鹿集团将可利用这些资料作为反击武器,将矛盾转化为行业标准问题,转移媒体与消费者的视线,获得行业协会的出面支持和救市,最大化减少负面事件对三鹿集团的不良影响。”这一把问题泛化以求金蝉脱壳的策略,其实也并无多少创意,人们在某些公共关系文章中不难看到类似的谋略,并早已在南京冠生园“陈馅月饼”事件、光明“回炉奶”事件中领教过了。

这份危机处理建议方案,最终是否为三鹿集团高层所采纳,似乎也是一桩疑案。但明眼人很容易看出,在三鹿集团应对整个“毒奶”事件的过程背后,确实晃动着这一方案中某些建议的影子。

所以,不必一味去指责三鹿集团以及北京某广告公司不懂危机管理。我们的公共关系实务人士不妨自问:如果自己去做这类事件的危机管理,能否跳出上述三点建议的基本思路,而不是仅从传播管理的角度着眼?我们的公共关系专家学者亦可以反思:自己的理论观点是否有所偏误,从而客观上为三鹿集团这样的做法提供了某些理论依据?如此,当可把问题的讨论引向深入。

正如《有效的公共关系》一书所指出的:“古话说,‘行动比语言更响亮。’然而不幸的是,很多管理层的人,甚至一些公共关系部门的人,迷信这样的神话,单凭传播就能够解决大部分公共关系难题。可是通常,公共关系难题源于所为之事,而非所言之事。除非‘所言之事’本身变成了事件。”事实上，尽管就特定的社会组织来说，危机的酿成和爆发有多种原因，但其中很大一部分是与这一社会组织的行为失误乃至不当有关的。“非典”疫情酿成的政府信誉危机如此，三鹿集团“毒奶”事件引发的企业危机亦如此。试想，如果三鹿集团在发现问题之初就果断采取相应措施，及时整改，加强管理，并立即召回有问题的婴儿奶粉，即使引起一些市场波动，带来一些经济损失，但仍能体现出企业应有的社会责任感，不会对企业的经营造成太大的冲击，又何至于酿成如此大的危机，落到今天这样一种千夫所指、声名狼藉的结局呢?

这也说明，危机管理决不仅仅是传播管理，甚至主要不是传播管理，而首先应该是社会组织的一种行为管理。实践已经证明:传播管理，并不能解决特定的社会组织行为失误乃至不当的问题，所以也不能帮助组织实施有效的危机管理。甚至不妨说，在某一社会组织本身失误或不当行为没有得以纠正的情况下，一味地倚重传播管理，其传播效果越好，就越可能是在帮助这一社会组织掩饰自身的问题，乃至于在某种程度上欺骗社会公众。在三鹿“毒奶”事件中，那家想从传播角度来为企业出谋划策的广告公司，不是已经沦为某种“帮凶”的角色了吗?尽管事情败露后主要责任由企业方面承担，但危机管理和公共关系行业的声誉似乎也一起赔了上去。已有资深人士作出了这样的评论:“如果说三年前三鹿到底以何种手段摆平各路诸侯至今成谜，那么此次传闻，则让一个我们平时所知不多的新型产业正式浮出了水面。这就是所谓的危机公关产业，说白了就是丑闻消音器。……这种产业的存在，本身就是社会良知的杀手。”语虽尖刻，且以偏概全，但这一批评的出现，确实可视为对研究和从事危机管理的人士的一种警醒!

强调危机管理首先是社会组织的一种行为管理，也就是强调危机管理必须从危机的“源头”抓起，从组织自身行为(包括领导人行为、员工行为、管理行为、生产行为、营销行为等)的规范抓起，尽可能减少乃至杜绝组织自身行为的失误和不当，一有“萌芽”露头，立即从社会公众利益和组织长远发展利益出发，果断处置，毫不犹豫。而当危机一旦发生时，首先是采取积极而有效的行动，以体现组织的社会责任，而不是其他。这就需要社会组织的公共关系管理人士和提供咨询服务的专业公共关系机构，对组织环境、组织管理流程、组织人员现状等方方面面都先有一个深入的把握和研究，并参与到社会组织的决策层面中。如此，才能拟订出比较严格意义上的危机管理计划，并保证其规范实施。如果只是蜻蜓点水，浅尝辄止，一知半解，盲目接受组织单向传播的信息，一味听从某些高层领导的旨意，则是肯定做不到这一点的。须知，行为管理远比传播管理更为艰难。对从事危机管理的人士来说，无疑是一个更为严峻的考验。

当然,我们强调危机管理首先是一种行为管理,并没有否认传播管理的意义和作用,但必须明确:行为第一,传播第二。在绝大多数情况下,传播管理应该和行为管理有机协调,并作为行为管理的一种支持和呼应而存在,切不能本末倒置。尤其要注意的是,在危机事件的应对中,传播不能干扰行为,不要因为传播过度或传播方式不当而横生枝节,火上加油,从而引发新的事端。切记,诚如前文所引的《有效的公共关系》中的论断所指出的,在某些情况下,"所言之事"(传播)本身也会酿成某一事件,甚至没有危机也会引来危机。"5·12"汶川大地震发生后,万科公司因董事长王石的言论而遭遇的舆论危机,就是明显一例。所以,传播管理本身确实也有一个战略规划和有效实施的问题。这方面,许多论著已多有讨论,此处不再赘述。

也许,只有在一种情况下,危机事件应对的重点才是传播管理。那就是,当事的社会组织本身并没有什么过失,却因遭受流言的无端攻击而陷入舆论危机之中,组织形象和声誉遭受了相当程度的损害,如不紧急应对,将危及组织的根本利益。这种紧急应对,自然主要是传播方面的,包括及时召开新闻发布会,刊登澄清事实的公告或声明,约请政府部门、行业协会及第三方人士出面讲话等。事先做好这方面的传播管理预案,以免事发后进退失据,亦是危机管理的题中之义。但同样应该注意的是,这一传播管理,其基础依然是组织的行为管理。道理很清楚:只有组织的现实行为确实无懈可击,其应对各种流言的传播才能真正奏效。质言之,即便在这种比较特殊的情况下,仅仅凭借传播管理也是不能单独化解危机、解决问题的。

上述这番理论,其实并不深奥,一想就容易明白。但为什么长期以来一些学者却津津乐道于危机管理就是传播管理,不少实务人士亦把主要精力放在危机事件的传播管理上呢?这也许是一个更加发人深省的问题。窃以为,从理论研究来说,这涉及到对公共关系本质的理解问题。如果认为公共关系的主要职能就是传播,甚至认为一个社会组织的形象不等于其实际形象,其优劣不在于它做什么和怎么做,而在于它说什么,怎么诱导公众对其产生好的印象和评价,而不是帮助组织去适应环境、调整行为,则把危机管理看成是传播管理就是必然的结果。其中,当然也不排除个别学者脱离实际、人云亦云的因素。而从实务操作来说,关键在于我们的不少公共关系从业人员还停留在纯粹执行的阶段,还没有提升到战略咨询的层面,还没有能力去做组织的行为管理,更不能有效地影响社会组织的最高决策层,只能被动地执行组织决策层的指令和意见,甚至无法去判断这些指令和意见正确与否。在这种情况下,传播就是他们最能发挥自身特长和能力的一个工作领域。当然,这也有众多社会组织高层领导观念的转变问题。但从根本上说，近年发生的一系列危机事件已敲响了警钟，如何快速提升公共关系理论研究和实务操作的水准，并在此基础上，真正把握危机管理的精髓，实施有效的危机管理，已是摆在诸多有识之士面前的一个严峻而紧迫的课题。

本文撰写的目的，就是希望引发这方面的讨论和思考。而真正解决问题，则还需要大家的共同努力。

参考文献

薛澜等. 2003. 危机管理. 北京:清华大学出版社:24.

新华网. 2007. "新华法治"栏目. 8月30日.

刘胜. 2004. 危机就是危机. 中国营销传播网. "营销策略"栏目. 8月23日.

孙玉红等. 2003. 直面危机. 北京:中信出版社:9.

郭惠民. 1999. 公关员职业培训与鉴定教材. 上海:复旦大学出版社:376.

李克诚. 2008. 网民炮轰"三鹿公关术". 东方早报. 9月13日.

卡特利普等. 2002. 有效的公共关系. 北京:华夏出版社:338.

笑蜀. 2008. 无良公关凸现媒体病变. 南方网. "评论"栏目. 9月19日.

奥古斯丁. 2001. 危机管理. 北京:中国人民大学出版社.

“虎照门事件”与政府公共关系危机的思考

景庆虹*

【摘要】 “虎照门事件”引发了政府公信力的讨论，政府组织公信力的缺失会影响政府机构在公众眼中的形象。政府形象则是政府公共关系成败的重要指数和政府公共关系追求的工作目标。政府组织是一类特殊的公共关系主体，其特殊的性质和职能决定了其在构建良好公共关系的过程中，必须注意不同公众的诸多特点和需求，掌握并且科学地运用信息传播中的原则和技巧。使得政府公共关系真正成为加强政府组织公信力、提升政府组织形象、协调政府组织与广大公众各种关系的现代管理方式，从而增强政府组织的亲和力，提高工作效率，实现政府与公众的有效沟通协调、相互信任。

【关键词】 虎照门；政府形象；公共关系；公信力；危机管理

“Tiger-Picture Gate”and Government PR Crisis

JING Qinghong

Abstract “Tiger-Picture Gate” triggered a discussion of government credibility. Lack of credibility will affect thepublic image of the government, which is an important indicator and goal of government PR. Governments are a kind of special public relations subjects, which entails attention from the government on different features and needs of public groups, and a mastery of communication techniques. Only in this way can government PR help to enhance government credibility, promote its image and harmonize its relationship with the public.

Key Words Tiger-Picture Gate; Government Image; Public Relations; Public Credibility; Crisis Management

---

* 作者简介：景庆虹，北京林业大学人文社会科学学院教授。

1.“虎照门事件”酿成危机始末

2007年10月3日,陕西省安康市镇坪县农民周某自称拍到了我国特有的,也是世界上最为濒危的虎亚种——华南虎的照片;10月12日,陕西省政府有关部门向社会公布了华南虎照片,自此,“虎照门事件”引发。

依照常理,几张老虎的照片怎么会引起媒体、公众、政府、专家如此关注,在社会生活中产生如此之大的轰动效应,以至公众对政府部门产生猜疑、质问乃至指责呢?从公共关系的角度而言,政府公共关系中出现了危机。

所谓“危机”就是某种危险、危难即将来临或正在发生。在现代汉语中,危机一词有两种解释:其一是指潜伏的祸根,比如危机四伏;其二是指生死成败的危难时刻,比如经济危机。从字源角度去查,“危机”是一个医学术语,指的是人濒临死亡、游离于生死之间的那种状态。我们现在所说的危机,则是指社会学范畴的广义危机。

如果从事件的角度理解:危机就是对社会系统的基本价值和行为准则架构产生严重威胁,并且在时间压力极大和不确定性极高的情况下必须对其做出迅速反应和关键决策的社会事件。

所谓公共关系就是指主体(组织)通过各种传播媒介与客体(各类公众)之间沟通协调,从而达到主客体利益实现、结果共赢的理想和谐状态。

当组织与公众之间出现沟通障碍,或者由于组织的失误、过错从而引发公众的误解、质疑、不满,并导致矛盾冲突时,这个组织的公共关系就出现了危机。

“虎照门事件”是一个普通农民引发的,为什么它会演变成为政府的公共关系危机事件呢?

其实,无论是谁自称拍到了华南虎,即便是他自称拍到了神农架“野人”、喀纳斯湖怪兽,甚至早已绝迹的恐龙,恐怕也不会引起太多人的广泛关注,就算是有某些好事者感兴趣,也无非是在一阵谈论、争吵、唏嘘和感叹声后归于沉寂。因为,事件的始作俑者是个人,对此类“传闻”无论怎样渲染传播,依旧属于对个人行为的关注与炒作,即使引发社会公众不满,也只是对当事者本人或媒体的诘难。但“虎照门事件”却并非如此,在自称拍到虎照的农民披露此消息10天后,陕西省政府有关部门向社会公布了当事者自称用数码相机和胶片相机拍摄到的华南虎照片。

由一个政府部门向社会公布信息,这就意味着华南虎照片得到了政府的肯定。无论政府有关部门当时是否相信华南虎照片的真实性,只要此举一出，无疑是给社会公众一个信息：陕西省发现了野生华南虎！百姓大众自然应该相信政府的权威性，当然也就相信华南虎已被发现的真实性。

有关专家称，野生华南虎自20世纪80年代后再没有与世人见面，而陕西这块华南虎生存的重要栖息地也已经很多年没有华南虎的身影了。在这样的背景下，政府有关部门发布华南虎照片，无疑是一件大好事。国家可以因为华南虎绝迹二十多年后重现山林而平添重获熊猫级国宝的喜悦；国人可以为人与自然和谐共处，濒于灭绝的华南虎仅存于中华大地而欢欣鼓舞；陕西地方也可以因此建立华南虎自然保护区，进而开发旅游资源，造福一方百姓；拍到照片的农民周某也因此出现在新闻发布会现场，在记者众星捧月中得到政府的表彰与物质奖励，名利双收。然而，问题并非这么简单。

在虎照信息发布的第4天，即10月15日，网上就有人发文质疑：陕西华南虎又是假新闻？此后，华南虎照片真假问题在社会上展开激烈的讨论，"挺虎派"和"打虎派"各执一词，陕西省有关部门坚持老虎是真的，网友和一些公众认为老虎是假的；有当地政府官员表示，如果华南虎照片有假就辞去自己的职务，中科院有关专家则声称用脑袋担保"虎照"有假……

2007年12月2日，由资深数码影像专家、野生动物摄影专家、视觉文化评论专家等人组成的专家组进行了严肃认真的辨认分析，得出结论：华南虎存在证据的照片是不真实的。

2007年12月4日，国家林业局发布华南虎调查结果，明确表态：中央政府十分重视野生动物的拯救与保护，并将进一步扩大华南虎等濒危动物在内的其他珍稀动物的野外调查；对广大公众关心华南虎照，积极参与讨论表示赞赏，说明中国生态文明的意识正在提高，而对虎照本身，从没说过是真，也没说过是假；相信地方政府会科学认真地对待公众质疑。

2008年2月3日，陕西省政府对陕西省有关部门违反新闻发布制度进行公开通报批评，称有关人员的工作作风漂浮、工作纪律涣散，导致政府公信力成为社会舆论的热门话题，造成不良社会影响，在一定程度上损害了政府的形象。这种做法很不严肃、极其轻率，要追究纪律责任。

2008年2月4日，陕西省有关部门发出《向社会公众的致歉信》，称：在未对华南虎照片拍摄情况进行实地调查、缺乏实体证据的情况下，草率发布发现华南虎的重大信息，工作作风漂浮，工作纪律涣散，并表示诚恳接受省政府批评，认真汲取教训，深刻反思查找问题，完善制度，严格程序，严肃纪律，整顿作风，抓好各项工作。

2008年6月25日，媒体报道《周某已被警方带走，专案组严查两万奖金》,公安部门介入华南虎事件。

2008 年 6 月 29 日,陕西省政府召开新闻发布会,披露周某造假华南虎照片的过程,并且通报了在整个“虎照门事件”中 13 名有关责任人的处理情况。

2008 年 6 月 30 日,陕西省政府召开千人参加的处以上干部大会,通报对华南虎照片事件中有关责任人处理的决定。陕西省政府认为,“虎照门事件”暴露了有关人员作风漂浮、纪律涣散、责任心缺失、依法行政意识淡薄。陕西省政府要求,政府工作人员要开展机关作风整顿教育,深刻汲取“虎照门事件”的教训。

至此,这个由地方政府有关部门发布信息“发现野生华南虎”,到再次发布信息“向社会公众致歉”,再到省政府发布新闻披露华南虎照为假并严厉查处有关人员的“虎照门事件”可谓有了结局。一张“纸老虎”打倒了 13 名政府官员,这一事件引发了我们的许多思考。陕西省政府在“通报批评”中,政府有关部门在致歉信中提到了“政府公信力”和“政府形象”,这是两个非常关键的词语,它们直接关系到政府公共关系的成败好坏。

2. 政府公信力对政府公共关系的影响

何为“政府公信力”? 为什么政府公信力对政府公共关系有着如此巨大的影响力?

政府公信力依赖于社会成员对普遍性的行为规范的认可和信任,并由此形成社会秩序。政府作为一个为社会成员提供普遍服务的组织,其公信力程度通过政府履行其职责的一切行为反映出来。因此,政府公信力程度实际上是公众对政府履行其职责情况的评价。政府公信力是社会中最重要的综合力量之一,对人民负责任、以公民为本位、言行透明、依法行政是其判断标准,简化社会复杂性、为公共权力提供合法性基础、为新型治理提供连接点、促进政府职能转变是其功能。简而言之,政府公信力就是社会公众对政府的信任而产生的支持、拥护政府的向心力。政府公信力,在当代中国社会中是促进经济增长及维持政治稳定的一个关键因素。社会公众对各级政府的普遍信任所产生的力量有利于构成社会资本,对社会的稳定和发展具有十分重要的意义。正如孔子所言:“自古皆有死,民无信不立”,可见,政府的公信力影响深远。

在改革开放 30 年后的今日中国,“政府公信力”一词已经越来越频繁地出现在各大媒体上,同时也越来越深入民心。每一次面对公共事件的时候,民众都会不约而同地想到“政府公信力”。2005 年松花江水污染事件给哈尔滨市民留下了深刻的印象,同时也给全国各政府部门敲响了警钟:面对危机时,政府应当说明真相,只有真相才能安定民心!最初的掩盖真相导致了全市的混乱,人们疯狂抢水,仿佛世界末日一般;并且谣言四起,弄得百姓人心惶惶。在政府公布真相并且出台相关应对措施之后,市民反而渐渐平稳下来,配合政府的救援行动。当停水危机顺利渡过之后,人民对于政府公信力的评价有了明显的提高,危机变成了提高政府公信力的转机。2006年9月在上海发生的"瘦肉精事件",让上海百姓吃尽了苦头:身体健康受到损害的同时也对所谓的"安全猪肉"有多么的不安全深有体会,宁可自己不再吃猪肉,也不再相信经过政府相关部门检验的瘦猪肉。因为,这种学名盐酸克伦特罗的瘦肉精,会引起人心慌、心悸、头疼、恶心、呕吐,严重的会致人死亡……而瘦肉精猪肉竟然被相关政府部门盖上了一个又一个的"合格"印章,市民对于政府的信任度明显下降。

2008年初的南方冰雪灾害,则在很大程度上彰显了我国政府的绝对公信力。2008年我国南方遇到了百年不遇的冰雪灾害,许多省份面临突如其来的冰雪袭击,没有丝毫的防备,更没有应对的经验。我国政府在冰雪灾害面前,统筹大局,统一调度,把全国的重心都投放到抗击南方冰雪上来,使南方人民顺利渡过了"冰雪危机"。断电、停水、封路、缺粮……一个又一个问题出现,但是政府始终如一地镇定应对,坚持不懈地抢险救灾。终于,路畅通了,水供应了,电接好了,老百姓又能在自家吃到热饭了。各级政府把人民的安全、利益放在头等重要的位置,真正做到了为人民当家作主,真正在危机面前挑起重担,让百姓看到了一个负责的政府,一个诚信的政府。一场冰雪袭击,受挫的是我国南方薄弱的"防寒机制",增强的却是一个政府对人民的诚信力、威信力、影响力和号召力。而这些感召力则完全出自于人民对政府形象的认可,政府形象成为一个不容忽视的关键环节。

政府公共关系,是指政府机构自觉地运用公共关系原理、原则、方法和技巧,有效地与公众进行沟通协调,建立并发展良好和谐的内外部关系的一种管理实践活动。其目的在于为政府组织更好地实现社会管理职能,树立为民、爱民的政府形象,提高政府机构全心全意为人民服务的工作效率,创造出更好的环境和条件。

作为公共关系具体应用的实践领域,政府公共关系同其他组织的公共关系一样,是由公共关系主体、公共关系客体和公共关系传播3个基本要素构成。但是政府公共关系由于政府组织性质和职能的特殊性,比较其他组织的公共关系,有以下3个不尽相同的显著特点。

首先,就公共关系主体而言,涵盖了中央和地方各级人民政府及其种类繁多的各个职能部门,政府机构作为国家、地方的组织管理和服务的特殊组织,其职能与其他社会组织有着极大的不同。政府组织的这种特殊性质就决定了政府公共关系的主体具有权威性、导向性和代表性。

其次,就公共关系客体而言,不仅包括了社会各阶层、各民族、各党派、各社会组织、各人民团体,还要涉及到对外交流中的外国政府机构、境外各类组织、团体性组织等,这些不同层次、不同范围、不同国家的社会公众数量众多,分布广泛,利益错综复杂,关系纵横交织,利益矛盾因素极不确定,这一切都使政府公共关系的运作相当困难,决定了政府公共关系的广泛性、复杂性和艰巨性。

最后,就公共关系传播而言,政府的特殊地位使得政府公共关系具有其他组织公共关系无可比拟的优越性。一方面,政府组织掌握着大众传播工具,可以利用政府的名义进行有效的传播。这对政府的舆论导向、公共沟通、关系协调、形象塑造、危机管理创造了得天独厚的便利条件。另一方面,政府有着完备的组织机构和体系化的信息联结渠道,这使得政府组织传播的信息快捷、严密、覆盖面广、可信度高,这又决定了政府公关传播的及时性、准确性和规范性。

政府公共关系的三个特点对于政府工作的发展、政府形象的建立,既有有利的一面,如传播便利、信息渠道畅通、影响力广泛且巨大、效果显著又带有极大的权威可信度,也有不利的方面,如关系复杂多变、公众涉及太广、各种利益协调难度大,稍有不慎就会产生问题,因而给政府形象带来危害。

众所周知,政府拥有怎样的形象对于政府今后的发展以及对政府在人民心中的威信有着重大的影响。政府的形象受到损害无疑将降低政府在民众当中的认可度,增强政府治理难度,动摇政府与民众间建立起来的感情基础。而政府公信力是政府形象的组成因素之一,其自身的力度也影响着政府形象。一旦政府公信力受到损害,政府形象也必然受到影响,严重者则引发政府公共关系危机。

3. 政府公共关系危机的特点与管理原则

政府公共关系危机有其自身的特点,一般而言,具有突发性、危害性、普遍性、关注性、复杂性等五个方面。"危机"本身的特点就是突发性和危害性,即在极不确定的时间和地点发生,并且造成或小或大甚至灾难性的后果,这很好理解。政府因为处在一个特殊的地位而具有其特殊的表现:政府危机往往具有较为普遍的影响。因为政府面对的是社会大众,政府的任何一点小小的失误都会引起各阶层不同公众广泛的反响,因此政府危机常常是一个普遍性的问题。政府对公众的切身利益有着直接的、重大的,甚至是决定性的影响,因此政府公共关系往往成为公众与媒体的焦点，具有较强的关注性。政府部门常常与上下级各政府部门以及政府所管辖的其他部门有着千丝万缕的联系，牵一发而动全身的状况十分明显，因此政府危机又具有复杂性。这些特点决定了政府危机处理需要十分的快速、准确，以便在最短时间内把危害减小到最少。

面对公共关系危机时，政府必须做出恰当的反应以应对危机，危机管理就成为政府工作十分重要的部分。危机管理是指如何在一个具有风险的环境里把风险减至最低的管理过程。当危机发生时，我们要从不同的方面予以调查、处理和解决。危机公共关系只是解决这个危机问题的一个视角，是用公共关系的手段来解决危机，因此，危机公共关系自然成为危机管理的一个重要组成部分。在此，我们可将其称为政府危机公共关系管理。

政府危机公共关系管理应该遵循以下一些原则：

(1)时间性原则。这里的时间性原则，又称为及时性原则。其宗旨在于：尽最大努力在最短的时间内控制事态，把危机造成的损失减小到最低限度，继而，在最短的时间内重塑或挽回政府良好形象和声誉。

(2)效率性原则。“条条大路通罗马”，危机来临时我们就必须选择最快捷的那条，以便提高危机处理的效率。面对复杂、多变的危机现状，必须抓住其中最首要、最根本、最实质性的环节进行有效的处理与解决，尽早让人民群众脱离危机造成的险境。危机中任何的人浮于事、拖宕延迟都是对公众的犯罪。

(3)协同性原则。政府危机的复杂性特点决定了政府在危机处理时必须保证各部门的统一协调、全力合作，把工作重点放在政府危机上来，政府与民众，万众一心对抗危机。政府各部门步调一致，政府与百姓共同协作才能对危机进行快速有效的处理。

(4)安全性原则。政府危机公共关系管理的目的是为了处理危机、减小损失，但决不能盲目轻率地解决，更不能“饮鸩止渴”。必须保证在安全第一的前提下去解决当前的危机，在解决危机的过程中，任何“前门拒狼、后门进虎”的处理方法都是不当的。如果在解决当前危机的同时又为另一个危机埋下隐患，这是十分错误而且愚蠢的。

(5)合法性原则。公共关系危机处理是在法律准绳之下实施的，任何超越法律界限的处理方法都是不当的，也是不允许的。作为政府部门更不能因为任何原因以身试法，应当在危机发生时更加牢固法律意识，增强民众的守法意识。同时还要对在危机时期出现的破坏社会安定团结的违法分子予以严惩。

(6)科学性原则。面临危机时，更要相信科学的力量。任何非科学的虚假的东西都是站不住脚的，经不起推敲的，也是瞒不过公众的眼睛的。

要时刻保证发布科学的信息、真实的信息。同时,用科学的态度对待危机,用科学的方法处理危机。

(7)程序性原则。政府危机管理体现了严格的程序性的原则。政府各部门协调需要必要的程序管理,一般情况下任何部门不可越级执行和越位操作。

(8)适度性原则。“矫枉过正”也是危机处理过程中应当避免的问题。在危机处理过程中任何一个措施的实行都应当遵循适度原则。不可在危机时期把原则放得过宽或过紧,过宽过紧都会造成其他不必要的新的麻烦。所以政府部门应当权衡利弊,提出适度解决方案。

(9)针对性原则。不同政府危机面临不同的问题,即使类型相同或相似,所面临的环境也不尽相同,因此提出的解决措施和处理程序应当有较强的针对性和适应性,以适应当时危机事件的类型、性质和特征以及环境。

(10)灵活性原则。政府公共关系危机不是一成不变的,是时刻变化着的,因此一个危机处理方案不是放之四海而皆准的。同时危机事件在发展的过程中也是不断变化的,那么具体工作和抢救措施也要时刻更改变化以适应新的形势。政府要随着客观环境的变化而提出有效的措施和方法。

(11)全面性原则。政府公共关系危机涉及到政府部门及其他相关各部门等诸多方面。在处理政府危机时要考虑全面的原则,既要考虑对政府的影响,又要考虑对公众的影响;既要考虑对政府现在的影响,也要考虑对政府未来的影响。

(12)人性化原则。多数情况下,危机会造成人员的伤亡和财产的损失。那么政府公共关系危机处理当中极其重要、必不可少的一项原则就是人性化原则。政府是人民的政府,必须在危急时刻体现出对人民的关怀,必须在危机处理的最初把人民安危、人民利益放在第一位来考虑。在解决危机的同时开展对人民的救援工作,及时给予人民经济上的资助和精神上的安抚,缓解民众在危机发生时紧张慌乱的情绪,以便更好地稳定民心,保证社会安定。

4. “虎照门事件”引发的政府公共关系危机思考

“虎照门事件”中的政府危机公共关系处理中存在的一定问题和缺陷,为我们今后的政府危机管理敲响了警钟,同时也提供了很好的借鉴。有关部门最初不经过科学验证就随意发布华南虎照片,在某种程度上显示了政府对民众信息的不负责,而引起民众不满之后又不能及时改正缺点，反而坚持己见、一意孤行，这就犯了危机公共关系的大忌——缺失诚实守信，未能尽早公布事实真相。如果地方政府有关部门能在一开始就本着科学公正、对公众负责的原则，那么"虎照门事件"恐怕就不会闹得如此沸沸扬扬，自己也不会最终被推上这样一个风口浪尖。原本可以简单解决的问题硬是被闹成一个"政府公信力的危机事件"，这既是政府工作的失误，又是社会公众的遗憾。如果政府能够在危机萌芽状态就运用危机公共关系的手段向民众致歉，那么一个危机事件不仅能够很好地被化解，同时也是一次政府公信力提高的机会。

在此次"虎照门事件"中，如果政府有关部门能够在危机初现时就严谨诚信、灵活恰当地面对公众，事态的发展肯定会是另外一种局面。政府所面对的公众是广泛的，不仅是一个个体，也不仅是一个组织，而往往是广大的社会群体。如何应对这些群体中不同类型的公众，就是考验政府公共关系能力的切入点。同时，政府应对危机的原则、技巧和具体举措也非常重要，这些都会直接影响到危机处理结果的好坏。笔者认为在"虎照门事件"中，有以下三点教训需要我们认真汲取。

首先，政府在危机处理中应当坦诚面对媒体，科学应对媒体。当虎照在网上公布之后，引起了网民的极大关注，而此后就有媒体到陕西省相关政府部门进行采访，以期获得一些相对确切和权威的信息。然而政府部门的不置可否与回避态度让媒体更加大做文章。究竟这里面有怎样不便公开的内幕？越是隐瞒越是引起人们的猜测和不满。媒体在某种程度上是代表民众的呼声的，而民众渴望的是真相。有领导表示"照片真假并不重要，野生华南虎的存在才最重要"，这一说法客观上激起公众的逆反心理。坦白地说，大家真正关心的不是华南虎，而是政府的诚信。有没有华南虎对普通人来说关系并不大，但假如政府不诚信，对老百姓就是一种打击。在全国"两会"上，陕西代表团因"虎照门事件"颇为尴尬，众代表委员对虎照讳莫如深，无言以对。后来，陕西代表团向新闻界开放讨论，陕西省政府的几名重要官员竟然离席失踪，令在场的记者大为不满。不少外国记者特意跑到陕西调查，并准备在"两会"期间向陕西官员求证，但陕西方面却下达禁口令……陕西相关政府官员的"出言不慎"以及种种逃避、遮掩真相的行为都让"虎照门事件"一步步走向更加艰难的境地。如果这些政府官员能够适当地掌握一些政府危机公共关系的策略，适当地了解政府危机公共关系的原则；如果政府选出高素质高水平、能够应对危机事件并且面对媒体的政府发言人，坚持以诚相待，坚持第一时间把真相公之于众，或者至少在仓促发布虎照之后能够及时更正，及时给公众合理的解释，那么这次"虎照门事件"就不会使相关政府部门陷入如此尴尬的境地。

其次，政府在处理危机的过程中必须正确地应对其他各类公众。在陕西有关政府部门发布华南虎照片几天后，就有网民指出虎照有假，这其实是社会上的普通百姓对政府公布虎照质疑的开始。在网络如此发达的当代社会，网民是不可忽视的一类特殊公众，互联网上的传播远远比传统的口头传播要快得多。面对公众的疑惑与质问，政府应该立即有所回应，这种回应应该是强有力的，而非简单地否认或者回避式的掩饰。中科院的有关专家喊出了用脑袋担保虎照有假；法学硕士甚至将虎照的作者告上法庭，以示对此次造假事件一追到底的决心；国际野生动物保护组织对华南虎照片事件发表声明，称照片中华南虎有假；全国三个地方发现"周老虎"的年画，公众质疑之声已成燎原之势。在此情况下，政府相关部门应该也必须以最快的速度应对，针对社会公众最关心的问题——虎照的真伪进行公开、坦白、科学的解释与说明。如果这时还没有正式的说法，势必会造成更大的危机蔓延与严重后果。与政府有关部门的沉默相反，六方专家很快得出鉴定结论：虎照为假。美国《科学》杂志称虎照源于年画；中科院院士认为："周老虎"事件背后存在学术腐败。更多的公众指出制假者背后有利益集团存在，"虎照门事件"的矛头已经使政府有关部门陷入了极为尴尬的境地。万般无奈之下，政府有关部门才"千呼万唤始出来"，承认工作失误。然而，迟到而含混的表态，让广大公众更为不满，有人状告虎照的制造者，有人租车喷标语声讨虎照鉴定不力，人大代表也对此表现出极大关注与不满。这些事实都说明，政府相关部门在面对如此之多的各类公众反应时，真正是应对乏术，被动之极，这实在是一件极为遗憾的事情。

再次，政府危机公共关系应当被正视，更应被当作一种管理模式和操作技能被重视。

当政府公共关系面临危机时，应当有这样一些专门机构和专职人员出来化解危机，从而化危机为转机。政府危机公共关系不能仅在危机发生过程中发挥作用，更应该起到"未雨绸缪"的作用。在危机尚未发生时就能够提前预警，把危机化解在孕育期，这样不仅减少了政府应对危机的困难，同时减少了在危机中造成的物质与精神损失。所以在加强政府危机公共关系处理能力的同时，更要重视政府危机公共关系的预警能力，真正做到"防火于未燃"。此外，在危机处理完毕时，政府还要做好善后工作，总结经验教训，重新完善良好的公众形象。我们希望各级政府真正做到运用公共关系为政府工作服务，从而使政府更好地为民众服务，且以此增强民众对政府的信赖度，提高政府公信力。

纵观此次"虎照门事件"，2007 年 10 月虎照刚从陕西镇坪出炉，马上就引起众多质疑、责问之声，这时是政府危机处理的绝好机会，如果政府相关部门能抓住"黄金 24 小时"，采取有效措施，事件发展肯定会不同今日。往后，质疑方拿出年画，纸老虎已出现端倪，这时政府更应及时公布调查结果，随时将最新信息公之于众。须知政府的新闻发布会是隆重、正规的信息发布渠道，可以起到以正视听的效果。可惜，由于没有及时听到政府权威的声音，社会上的各种消息不胫而走，真可谓真理还未穿上鞋，谣言已经跑遍了全世界。值得欣慰的是 2008 年 2 月陕西省政府对有关部门做出严厉批评，相关部门也表态承认失误，这是政府挽救形象危机的开始，尽管时间上已略显延宕。

2008 年 6 月 29 日政府召开新闻发布会，标志着政府形象缺失的终止，但政府的诚信危机尚未结束，水落未必石出，政府还要在重塑形象、恢复和进一步提高公信力方面做大量的危机善后工作。如此的政府公共关系和危机处理，是非常必要的，而且也应该是行之有效的。

综上所述，“虎照门事件”已经远远超出了虎照本身是真是假的争论，同时还远远超出了华南虎是否存在的生物学意义的猜想，甚至也远远超出了增强公众关心、保护、珍爱野生动物的生态文明意识本身。它表明中国越来越多的公众对诚实守信、真实公开道德原则的渴望与追求，同时也彰显着我们的政府对实事求是、取信于民优良作风的重视与身体力行，对政府形象及政府公共关系的日益注重。政府形象在某种角度上就是国家形象，而国家形象正是国家软实力的重要组织部分。就此意义上，我们有充分的理由呼吁全社会都来关心、重视政府形象的构建、维护与传播，而各级政府更应当搞好政府公共关系，树立起良好的政府形象。

参考文献

Sun，N. 2006. 危机门. 上海：文汇出版社.

郭惠民、居易. 2002. 公关员. 上海：复旦大学出版社.

王建成、戴步效. 2005. 中国生活质量报告. 上海：文汇出版社.

许文惠、张成福. 1997. 危机状态下的政府管理. 北京：中国人民大学出版社.

邱伟光. 2005. 公共关系. 北京：中国经济出版社.

胡宁生. 1999. 中国政府形象战略. 北京：中共中央党校出版社.

于中涛、景庆虹. 2000. 公共关系学. 北京：中国农业大学出版社.

全日制本科公关专业培养方案的形成依据及其体现

刘绍庭*

【摘要】 全日制本科公关专业学生培养方案的制定与完善，必须符合人才培养的基本规律，综合考虑社会的期待、国家的要求、学科的属性、学校的定位、学生的诉求、办学的层次、课程的关联、既有的师资、他校的经验等因素。在合理定位公关专业培养目标的基础上，与公关专业学生“应然”的综合素质及其具体构成相对应，规划通识教育模块、专业底蕴模块、基本能力模块、运作技能模块、策划技能模块等五大模块，并合理配置课程体系。在培养体系的构建过程中，应在强化“五大建设”、构建“四个培养模式”、完善“四个培养机制”上找准切入口、着力点和突破方向。

【关键词】 全日制本科；公关专业；培养方案

On the Basis and Manifestation of Curriculm Setup of Full-time Undergraduates of Public Relations

LIU Shaoting

Abstract The curriculum setup of full-time Public Relations undergraduates must follow the basic law of personnel training and take various factors into consideration, for example, the expectation of the society, the requirement of the nation, the characteristics of the discipline, the positioning of the university, demands of students, the level of the school, the relation of the courses, the availability of teachers, and the experience of other universities. Based on the rational orientation of program targets in Public Relations and the comprehensive qualities with which students ought to be equipped, universities should plan and

---

* 作者简介：刘绍庭，华东师范大学人文社会科学学院政治学系公关教研室主任、副教授。

set up five modules, namely General Education Module, Professional Qualities Module, Basic Capacity Module, Operation Skills Module, and Planning and Designing Module. Meanwhile, these universities should plan for a logical course system. Efforts should also be made to strengthen "Five Construtions", building "Four Training Modes" and completing "Four Cultivation Mechanisms".

Key Words Full-Time Bachelor Program; Public Relations; Curriculum Setup

培养方案是学校与学生之间的"契约",是人才培养的行动指南,我们应该以异常严肃、科学的态度对待培养方案的制定、修订与完善。全日制本科公关专业的发展在中国的历史迄今已经走过 18 年,然而表现在各校培养方案的形成过程中仍然处在"百花齐放"的阶段,在一定程度上消解了学科发展的严肃性和专业建设的正当性,并成为制约公关专业千里跃进的一个掣肘。究竟以什么作为公关专业培养方案形成和完善的重要考量?又以怎样的姿态和作为化知性为行动来认真地履行这个方案?这些都是我们必须潜心沉思的问题。

1. 全日制本科公关专业培养方案形成的基本依据

1.1 社会的期待

社会的需求是"灯塔",我们必须以社会对 21 世纪中高端人才素质的全面要求和对公关人才的特殊要求为依归,科学地制定培养方案,合理地设置课程并配置课程"菜单",并且跟踪社会需求的变化动态地加以适时调整,通过高标准、严要求培养符合社会期待的高素质的专门人才。

1.2 国家的要求

2011 年 4 月 24 日,胡锦涛同志在清华大学建校 100 周年庆祝大会上发表了重要讲话,强调不断提高质量是高等教育的生命线,必须始终贯穿高等学校人才培养、科学研究、社会服务、文化传承创新各项工作之中。在 2010 年 7 月《国家中长期教育改革与发展纲要》(2010—2020)中对人才培养也有很多观点值得我们注意,比如关于提高质量是高等教育发展的"核心任务说",关于人才培养在高校工作中的"中心地位说",关于"着力培养信念执著、品德优良、知识丰富、本领过硬的高素质专门人才和拔尖创新人才"的具体目标等。《纲要》中对高等学校本科生培养提出了比较具体的要求，主要表现在：加大教学投入；把教学作为教师考核的首要内容，把教授为低年级学生授课作为重要制度；加强实验室、校内外实习基地、课程教材等基本建设；深化教学改革，推进和完善学分制，实行弹性学制，促进文理交融；支持学生参与科学研究，强化实践教学环节；创立高校与科研院所、行业、企业联合培养人才的新机制；全面实施“高等学校本科教学质量与教学改革工程”等等，这些意见对未来若干年包括公关专业在内的本科生培养方案的制定与实施具有重要的指导作用。

1.3 学科的属性

公关专业在教育部普通高等学校本科专业目录中，归属“公共管理”类，那么，公关专业必须开设公共管理类各本科专业均应开设的管理学、政治学、经济学、公共政策学等 4 门课程，同时，通过强化政府公共关系研究以适应公共管理这一学科归属的要求。与此同时，公关学科有着自己独特的研究对象和研究领域，需要学生掌握相应的理论与方法。另外，公关学科还具有典型的交叉性、复合性特点，是一门基于若干一级学科基础上发展起来的新学科，有比较广泛的学术渊源，除了与公共管理密切相关，还与工商管理、新闻传播学、社会学、政治学等一级学科有着密如蛛网的关系，这同样也需要我们在培养方案的制定过程中加以考虑并且反映出来。

1.4 学校的定位

教育部《关于全面提高高等教育质量的若干意见》中指出，一方面要“完善人才培养质量标准体系”“会同相关部门、科研院所、行业企业，制订实施本科和高职高专专业类教学质量国家标准”，另一方面要“促进高校办出特色”“探索建立高校分类体系，制定分类管理办法，克服同质化倾向。根据办学历史、区位优势和资源条件等，确定特色鲜明的办学定位、发展规划、人才培养规格和学科专业设置。”在 2011 年 10 月全国公关专业院长（系主任）会议上，大家对全日制本科公关专业的培养目标和要求进行了集中讨论，并形成了统一意见，提出了六大具体培养目标，以期“使学生成为具备管理学、公共关系学等方面理论知识和实践技能，能在政府机构、企事业单位、社会团体、专业公关公司等组织从事公共关系管理工作的复合型人才”。这个具有准“质量标准”的意见应该是全日制公关专业本科毕业生培养的基本要求，但是，由于各校历史渊源、学术传统、发展战略、校园文化、学科结构、资源条件、区位优势、综合实力不同，公关学科发展历史、特色、师资、底蕴、目标、后劲等方面也有差异，自然不能强求一律，反而应该鼓励办出特色、办出水平，通过相竞而奇，实现共同提高。

1.5 学生的诉求

学生培养必须在家校互动、师生互动、供需互动的过程中才能实现，其中学生是共同的作用对象。倘若罔顾学生的需求，把我们的意志在没有任何合理疏导的情况下一味地强加给学生，就往往事与愿违，南辕北辙。人才的类型是多种多样的，其培养必须以学生的禀赋、旨趣、特长为基础，以学生的成长为依归。

学生希望自己成为一个什么样的人呢？我们通过问卷调查和访谈的方法，对学生的诉求做了一些了解。在问到喜欢哪些模块的课程时，学生的回答依次是公关策划类、经营管理类、公关礼仪类、人文修养类、新闻传播类、市场营销类、其他。在问到作为一个公关人员，应该具备哪些能力时，学生几乎全部对组织协调能力、语言表达能力、公关策划能力、人际交往能力、分析预测能力、调查研究能力、应变调整能力、环境适应能力等所有选项做了选择。在问到公关专业的学习应该是怎样时，大多数选择了理论与实践并重，还有部分学生选择的是"技能培训为主"，而选择"理论学习为主"的一个都没有。在问到在心理素质方面，公关专业学生最应该具备哪五项素质时，选择最多的是观察敏锐、想象力丰富、理解力强、意志顽强、性格外向与活泼，还有部分学生选择了大度与随和、记忆力好、处事不惊、果敢等。在问到准备在哪些方面提高自己的综合素质时，基本上选择面非常广，依次是性格气质、专业技能、团队精神、理论视野、知识底蕴、表达能力、协调能力、个人形象、个人品德以及其他方面。

在谈到培养体系构建的主要抓手是什么时，学生比较多的聚焦在强化社会实践方面，比如创建课外实践基地、参与大型活动策划、培养实际操作技能、与实践接轨等，这几乎成为学生共同的心声。当然，也有部分学生谈到"加强师资力量""加强管理类、金融类、商业类的知识的培养""校方支持"等。

1.6 办学的层次

目前公关专业教育覆盖专科、本科、研究生三个层次。其中本科教育有全日制、夜大学、高等教育自学考试、网络教育、辅修专业；研究生教育有中山大学、华东师范大学、上海外国语大学招收公关专业硕士研究生。作为全日制本科公关专业培养方案的制定，自然不同于专科、研究生教育的培养方案，也有别于非全日制本科专业培养方案。比较而言，全日制本科公关专业培养方案应该做到：理论与实践的有机结合；复合性与专业性的双重体现；全面发展与个性发展的并行不悖；成才与成长的相互促进。

1.7 课程的关联

在整个培养体系里，课程学习无疑是重要组成部分，是学生学养乃至整个人格素养熏陶的重要侧面。那么，在专业基础课和专业课乃至若干具体类别选修课的甄别、配置和学分的厘定、前后的衔接、教师的遴选等方面都必须反复推敲和论证。

1.8 既有的师资

目前各校公关学科的发展，总体上相比异常饱和的工作任务和工作量，显得力所不逮，处于穷于应付的态势。为此，应该合理厘清“基本教师队伍”和“核心教师队伍”，并着力扩充核心教师队伍，努力提高核心教师队伍素质。事实上，从动态的角度看，公关专业的教师特别是核心教师队伍在未来的若干年内，考虑到部分教师的退休、学科发展的需要必然还会有一个结构性的变化，不仅体现在教师总人数的增加、核心教师队伍稳定性的增强和教师整体实力的增长方面，还体现为学历、学缘、年龄、专业背景等方面的实质性变化。那么，在这个动态的流程中，可能对学生培养体系的稳定性造成一定的短期影响，并通过不断修复达到再平衡。

1.9 他校的经验

其他高校的培养理念、模式、路径、方法在具备可复制的条件下，是可以学习和借鉴的。在公关学科发展、专业建设和学生培养方面，国内其他高校的许多经验的确弥足珍贵。比如：中山大学的“产学研”模式、“职业导师制”、建立广泛的实习基地、开办大量专业讲座；中国传媒大学“以人文社科教学作为专业人才的培养的基础内容，以专业基础课教学奠定专业基础，以专业课培养学生的专业能力，以研讨课训练学生的研究能力，重视每一门课程对于构成学生良好知识结构的作用”的培养方法；上海外国语大学强调“在交流层面会外语，并提倡掌握第三语言；学业层面懂专业，实现校企无障碍对接；合作层面通文化，投身全球创新实践活动”，以及培养拥有国际视野、全球情怀、外语特长、实践能力，并能够畅达进行跨文化沟通的管理人才或服务的目标，建立“公共关系专业实验室”；海南大学坚持走特色化、品牌化、专业化道路……以上仅仅是侧重国内高校而言，倘若放眼全球，国外高校的办学模式也可加以借鉴，尤其是公关教育历史悠久、经验丰富、模式各异的美国高校，比如《美国新闻与世界报道》2012年公关学科统计排名比较靠前的雪城大学、哈佛大学、印地安那大学伯明顿分校、普林斯顿大学、乔治亚大学、加州大学伯克利分校、堪萨斯大学、密西根大学—安娜堡分校、南加州大学、卡内基美隆大学、杜克大学和纽约大学等，都值得我们学习借鉴。

2. 全日制本科公关专业学生综合素质要求与培养方案的模块构成

2.1 全日制本科公关专业学生综合素质的组成部分

我们都知道把公关专业学生培养成“复合型人才”，但是，这个复合型人才究竟是个什么模样？通过对公关专业学生的问卷调查与访谈，我们了解了学生对自己未来发展的自我期许。同时，通过研读国家政策以了解当下社会的期待，接触用人单位以了解录用条件，查阅大多数高校公关专业的培养方案以了解培养要求等，综合全日制本科专业学生培养的一般性要求和基于公关专业的特殊性要求，兼顾素质结构的复合性和权变性、基本素质的恒定性与特殊素质的时代性，并且在摒弃“固化”思维基础上实现层次性和多样性的统一，认为复合型公关人才的培养应具备复合性素质，或曰综合素质，具体包括品德素质、文化素质、政治修养和政策水平、身心健康素质、能力素质5个方面。其中思想道德素质是走向成功的“常量”，知识是转化能力的一个阶梯，但专业能力的提高才是人才培养的根本，而个体综合素质的“短板”必须在团队合作中寻求互补。

2.2 全日制本科公关专业学生综合素质与培养方案的模块构成

一般来说，全日制本科公关专业培养方案就整个培养培养环节来说，应该覆盖课堂教学和课外实践，以课堂教学为主渠道，同时结合公关学科的应用性特点强化社会实践；就培养目标来说，应该是促进学生德智体美全面发展；就培养主体而言，应该是学校教育、社会教育、家庭教育、自我教育相结合，以学校培养为主渠道，兼顾其他，即使是学校培养，甚至包括跨校培养、跨境培养。总而言之，应该做到“推进全员育人、全过程育人、全方位育人，引导学生自我教育、自我管理和自我服务”。据此，培养方案的设计就应该从“全员”“全过程”“全方位”考虑。

就课程体系而言，各高校一般分为通识教育平台课程（含必修课、指定选修课和任意选修课）、学科基础平台课程（含相关学科基础课和学科基础课）、专业课程（含核心课程、拓展课程和实践课程）。如果从复合性与专业性、理论性与应用性相结合的角度思考，全日制本科公关专业课程体系大致可以分为五大模块：①通识教育模块，具体目标是奠定学生健康的思想、政治、品德基础和人文素养基础，掌握外语和计算机运用能力；②专业底蕴模块，具体目标是奠定学生扎实、复合的理论素养；③基本能力模块，具体目标是培养和提高学生的接待、交往、沟通、写作、表达、调查能力；④运作技能模块，具体目标是培养学生的危机管理能力、各行业公共关系运作能力、媒体宣传运作能力；⑤策划技能模块，具体目标是培养学生的公共关系预测、分析、创意、策划以及组织协调能力。素质要求与配套的主要课程具体见表 1。

表 1　公关专业学生素质要求与配套主要课程对应表

素质要求		配套的主要课程
能力要求	媒体应用能力	Office 应用基础、计算机技术应用等课程
	社会调查能力	大学统计、社会调查与统计
	社会交往能力	公共关系礼仪与训练、人际关系理论与方法、跨文化传播与管理
	语言表达能力	演讲与口才、谈判策略、管理沟通、传播学概论、新闻学概论、公共关系写作、外语
	实践创新能力	创新理论与思维
	战略思考能力	管理学概论、企业战略管理
	组织管理能力	管理学概论、企业战略管理、管理沟通、危机管理、人力资源开发与管理、组织行为学、领导学
	宣传推广能力	新闻学概论、传播学概论、公共关系战略与策划
	活动策划能力	公共关系理论与实践、广告运作策略、大型社会活动策划、会展管理、公共关系活动策划模拟
	从业履职能力	策划类、演讲类等课程以及计算机操作、摄影课等
素质要求	品德素养	毛泽东思想、邓小平理论和“三个代表”重要思想概论，中国近现代史纲要、思想道德修养与法律基础、马克思主义基本原理概论
	政治修养	政治学概论、中国社会政治分析、公共政策概论、形势与政策
	专业涵养	社会学概论、经济学概论、新闻学概论、现代管理学、公共关系学原理、公共关系战略与策划、企业文化、传播学概论、企业战略管理、市场营销学、品牌塑造与管理、广告运作策略、整合营销传播、公共关系心理学、大众媒体研究、公共关系传播法规、危机管理、公共关系礼仪与训练、人际关系理论与方法、公共关系写作、公共关系经典著作选读、专业英语、公共关系伦理、管理沟通、跨文化管理、公共关系经典案例评析、公共关系学前沿专题、谈判策略、国际公共关系、政府公共关系、公共舆论学、大型社会活动策划
	健康素质	教育与心理、体育、就业指导、军事理论
	人文修养	大学语文、语言、人文与艺术、社会科学

3. 全日制本科公关专业学生培养体系构建的具体思路

全日制本科公关专业学生培养体系构建同样是一个系统工程，做到瞻前顾后，在过去、现实、未来这一动态流程中进行思考；做到左右逢源，在学科之间、校内外、学校与社会之间找到可以协调的地方；做到齐抓共管，形成教师、学校（院系）家庭、社会的“合力”。

3.1 强化“五大建设”

（1）师资队伍建设。形成公关专业学生合理、有序的培养体系，教师的作用至关重要。目前，公关学科存在与工作任务相比，师资总量不足；教师的学科背景与知识积淀与公关学科的关联度还有待进一步加强等明显问题。总体而言，专业功底乏善可陈，实践经验寥寥无几。鉴此，必须在比较短的时间内尽快达到如下目标：一是构建以 10 人左右的核心教师队伍为主的基本教师队伍；二是形成一支各年龄段梯次分布，平均年龄在 40 岁左右的师资队伍；三是新进教师原则上都应取得国内外大学博士学位（个别以负责形体训练、学生社会实践为主的教师除外）；四是在条件具备的时候通过请进公关学科的外籍教师，快速缩短国内教学与海外教学的差距；五是建立“职业导师制”或“双导师制”；六是“走出去”，选派部分年轻教师出国研修；七是创造条件，鼓励年轻教师到公关实践的第一线去接受实践的检验与历练，提升公关师资整体的实践能力和“专业化”程度。

（2）课程体系建设。总体而言，公关专业课程设置和公关课程内容设计要紧跟社会发展、科技进步的步伐，与时俱进，及时更新，做到理术并举、模块清晰、文理交融。与此同时，课程建设努力做到两个方面：一是通过团队互助打造各级精品课程，并重点建设 5～10 门特色课程，按照“精品化”的要求建设，争取做到“六有三高”，即有权威的教材、有详细的大纲、有完备的案例库、有充分的实践机会、有系统的课外阅读指导、有适量的题库，高标准、高水平、高效果；二是根据条件争取有若干门课程开展双语教学。对于公关专业学生来说，可以鼓励他们修读新闻传播学、工商管理学、心理学、社会学等学科辅修（第二专业），从而对公关专业培养方案进行有益补充或延伸。

（3）教材建设。当下全日制本科公关专业教材建设存在三个问题：一是品种不够丰富，没有形成系统化、系列化的“集约化”优势；二是部分教材内容相对陈旧，尚未充分反映新背景、新理论、新案例、新要求；三是个别课程目前还不能为学生提供比较权威、系统、生动的教材。解决这些问题，我们有如下建议：一是采用联合的方式力争在 3～5 年内按照学科化、系列化、系统化的原则通过整合、新修、重编等方法出版一批教材，统一规格、出版社、体例，形成“品牌效应”；二是配合双语教学、纯英文教学，有计划地采用国外引进的原版教材。

(4)资源库建设。资源库的建设包括学习拓展资源库、公关经典案例库、公关书刊资料库三个方面的建设。在学习拓展资源库建设方面，一是扩充性资料的建设，主要是围绕与教材、讲义配套的教学辅助资料，以教学光盘形式发给学生，包括课程介绍、主讲教师简介、师资队伍、教学方法、教学大纲、授课教案、多媒体课件、授课视频、实验指导、作业习题、参考文献、教学资源、特色优势等；二是通过互联网与学生共享教学资源，教师可以通过校园网对学生进行辅导答疑、指导论文、讨论案例。在公关经典案例库建设方面，按照贴近实际、贴近生活、贴近学生的原则，本着科学、实用、简练、生动的一般要求，精心选择与全日制本科教学计划中学科基础课程、核心课程和拓展课程相关的20门以上的主要课程，在系统讲授基本原理、基础理论和基础知识的前提下，编写《公共关系学专业案例库》，包括职业素养课程、基础技能课程、运作技能课程、策划技能课程四个案例子库。建设的基本理念是：突出策划，力求经典；成败并蓄，涵盖中外；“求新顾旧”，长短结合。

(5)实践平台建设。对于公关专业这样实践性比较强的专业来说，强化学生社会实践基地的建设至关重要。为此，建议如下：一是拓宽学生实习和见习的渠道；二是聘请若干名公关公司、广告公司、资讯公司的高级管理人员为研究员或导师，并通过他们与有一定实力的公司联合建立学生实践基地；三是鼓励公关专业的学生通过参与校内外各种社团或公关组织的活动，增加对外交流机会等方式，加强学生的实践能力，提高在校学生的职业意识，促进他们更多地了解公关职业的实践活动；四是建立“全国高校公共关系教学网”，总的思路是各校联建、师生共建，目的是展示学科、内外交流；五是开设“公共关系学生论坛”，要求主题明确，思辨型或实践型形式不拘，报告、沙龙均可。

3.2 构建“四个培养模式”

(1)全息互动模式。学生培养的过程是一个互动的过程，这一过程不是简单的师生间的单维互动，而应是全息互动过程。在整个培养过程中，涉及教师(含专业课教师、非专业课教师、系领导、辅导员、教务员、学校职能部门领导和工作人员、校外兼职导师等)、学生、环境(包括社会大环境、学校所在社区小环境和校园内环境)、文本(包括教材、参考书，涉及课堂、图书馆、资料室等)、媒介(包括大众媒介、互联网、手机等纯媒体，学生社团、团学联、班集体等校园文化载体，学工、学农、学军、专业见习和实习等社会实践载体)的全方位的、彼此之间的两两互动。其中最主要的是"人—人"互动,其他互动都是受制于这个基本的因素,师生互动、师师互动和生生互动是三种表现形式,而师生互动是整个培养过程中最基础的环节。我们认为,全日制本科公关专业学生的培养,不仅完全应该实现,而且完全可能实施全息互动模式。

(2)全程跟踪模式。如果说"全息互动模式"是侧重于全方位培养学生的话,那么,"全程跟踪模式"主要是解决全过程培养的问题。在从进校到毕业离校的整整四年中,我们应该经常地、及时地全面扫描他们的思想动态、学习状况、能力增长、心态变化、生活情景,然后在教学安排、思想教育、生活管理、个性发展、心理调节等方面有的放矢地开展工作。在整个过程中,既注意群体性、全局性变化,注意整个专业全部学生的倾向性问题,注意课堂内的知识教育与培养问题,也关注个体性、局部性变化,关注不同年级学生存在的特殊性问题,关注课堂外的品行修养与能力提高问题。总之,课堂内外相互延伸,德智体美劳相互对照,在强化特色专业建设的基础上,充分考虑并尊重他们的个性特点,因材施教,提供"菜单式"服务、"个性化"教育和"全程性"培养。

(3)全景教学模式。全景式教学的基本特点是高屋建瓴、系统思考、知微见著、纵横捭阖、收放自如。结合公关专业的特点,我们认为公关专业学生的培养应该按照三条基本的主线展开:一是学校——家庭——社会;二是班级——学校——社会;课堂内——课堂外。如果单纯地从教学来认识,那么,主要就是后面两个方面。公关专业学生的培养,在一定意义上说,必须立足社会的大熔炉展开,即使是课堂教学,也需要教师广阔的大视野,能够融会贯通、旁征博引,对经典的案例和社会发生的重大变化了如指掌、信手拈来。同时,在专业设计与教学组织中,努力形成"理论教学——案例教学——情景模拟教学——课堂讨论教学——实践教学"五位一体的教学模式体系。

(4)全员教育模式。在学生培养过程中,还要确立全员教育的理念。如果我们希望并期待每一个学生都能够成为德智体美劳全面发展的人,就应该形成教书育人、管理育人、服务育人"三结合"的模式以及与之相适应的管理架构和运行机制。

3.3 完善"四个培养机制"

(1)教学相长机制。在我国,对于全日制本科公关专业来说,相比诸多发展历史比较悠久,因而相对比较成熟的专业,或者开办高校比较多的专业而言,并没有太多的办学经验可以借鉴和复制,同时,也不能简单地采取"拿来主义"的态度照搬国外的办学模式。怎么办?只能是勤钻研、讲奉献、趟新路、创特色、塑品牌。谁来做？教师自然责无旁贷。如何做？以教师为主导，通过师生联动，在培养学生过程中达到教学相长。其一，在建立有一定覆盖面的案例库的基础上，采用MBA教学中经常采用的案例式教学方法，通过反思、点评、提炼后得到认识上的升华。其二，以相关研究中心或实验室为依托，并以学生公关协会为平台，在教师指导下，广泛吸收学生参与策划，在实践中加深公共关系学专业知识的学习。其三，深入开展讨论式、启发式教学。其四，教师参加学术活动和实践活动，在条件许可的情况下，尽量吸收学生参加。其五，每学年面向全校安排2～3次"高端讲座"，另外争取每门核心课程每次授课时都能够安排1～2次由校外专家开设的讲座，直接进入课堂。其六，推广国外大学中的"PR lab"(公关实验室)的教学实践方式。

(2)有效沟通机制。要做到"全息互动"，必须实现"有效沟通"。在具体策略安排上，有六种方法：其一，规范、有序推行"人生导师制"。其二，建立院系总支副书记、公关系(教研室)主任、辅导员的联席会议，定期通报信息，交换看法，明确阶段性工作重点。其三，院系定期或不定期地专题讨论包括公关专业学生培养在内的学科发展问题，提出具体的加强、改进和完善的措施，做到会前有调查、会中有方案、会后有检查。其四，院系经常与学校有关职能部门保持联系，争取在硬件设施建设、社会实践基地建设、资料库建设、学生思想政治教育、学生素质拓展、培养计划调整和完善等方面的支持。其五，公关系(教研室)教师充分利用个人资源，拓展与校外的关系，争取公关学科的发展空间，为学生的培养创造更好的条件。其六，学生之间的互动交流。

(3)长效管理机制。从横断面看，培养体系的构建是一个系统工程，它需要解决的是齐抓共管后的"合力"形成问题；从纵剖面看，培养方案的实施同样也是一个系统工程，它需要解决的是循序渐进后的"长效"问题。如何保证有足够的教师并保证教师始终有热情、有精力投身于学生的培养？如何使公关专业学生"多出精品""快出精品""持续出精品"？这就是长效管理问题。做到长效管理，一方面与整个培养体系的真正建立并且行之有效不无关联，另一方面与其运行机制密切相关。主要应该做好以下四点：其一，加强师资队伍建设，包括加大人才引进力度和选留优秀博士生的力度，加强师德建设，不断提高教师的教学水平、科研能力和指导学生开展社会实践的能力。其二，根据社会需求、生源结构、教师队伍结构和公关学科发展的变化等因素，不断调整、充实和完善不同年级学生乃至不同学生个体的培养计划，从而使公关专业学生培养方案形成一个自我修复、自我调适、自我超越的机制。其三，找准解决问题的着力点，在内容上增加厚度，在活动上增加广度，在形式上增加新度，在工作上增加力度。其四,形成齐抓共管的动力机制。

(4)经费支持机制。全日制本科公关专业学生的培养体系的构建和整个培养方案的实施,能否取得预期的效果,取决于体系是否健全、方案是否科学、执行是否有力、运转是否通畅和经费是否保障。为此,应拓宽渠道,为全面落实培养方案提供可靠的经费保障。

参考文献

教育部. 2012年4月20日. 关于全面提高高等教育质量的若干意见[E]. http://moe. gov. cn.

全国公共关系学专业院长(系主任)联席会议委员会. 2011. 公共关系学本科专业介绍. 全国公共关系学专业院长(系主任)联席会议委员会第二届会议资料.

全国公共关系学专业院长(系主任)联席会议委员会. 2012. 公共关系学本科专业建设指南. 全国公共关系学专业院长(系主任)联席会议委员会第三届会议资料.

论通识教育与专业教育的平衡
——关于全球化趋势下中国公共关系学专业人才培养方式的思考与探索

何　辉*

【摘要】 本文认为，中国公共关系学专业教育已开始有意识地处理通识教育与专业教育之间的平衡问题，但是社会对公共关系学专业的需求的特征（多行业、多领域、复杂的、丰富的）与专业建设对更严格的规训的内在需求（知识专门化、严密的、细分的）之间存在着尖锐的矛盾。全球化趋势下跨文化的管理与沟通的要求，使公共关系学的教育不仅仅要处理好传统意义上的通识教育与专业教育的平衡问题，还要应对更深层的价值观、世界观层面的观念博弈与互通的挑战。本文经由剖析组织研究的"弱背景"理论、"强背景"理论对公共关系学专业教育影响，导出公共关系学专业教育在全球化趋势下的内容建构方式，认为专业方法论与技术应构成学科规训中独特的内容，而根据公共关系学专业需要进行的历史学、文学、哲学、经济学、心理学等方面的教育，则应是学科规训中的基础规训。本文认为，应在一个新的思想空间中，探讨通识教育与专业教育的平衡，不是将两类课程板块简单地拼接，不是拘囿于传统上理论与实践的争论，而是将所构建的教育内容与新时代人们认知世界与组织的方式相联系。

【关键词】 公共关系学；专业教育；通识教育；全球化；人才培养

On the Balance Between General-Purpose Education and Professional Education: Reflection on and Exploration of the Cultivation of Professional Public Relations Talents in China in a Globalization Context

HE Hui

Abstract PR departments/colleges in China's universities have

* 作者简介：何辉，中国传媒大学广告学院公共关系系主任，教授，博士。

started to strike a balance between PR for general education and PR as a professional discipline, but serious conflicts exist between social expectations and disciplinary requirements. In response to cross-cultural management and communication in a globalization context, PR education needs not only to balance general education and professional education in the traditional sense, but also to meet challenges from the more subtle conflicts in values and perspectives. This paper suggests that balance be sought in a new mental space where educational contents and new cognitive models can be integrated.

Key words PR Discipline; Professional Education; Education for General Purpose; Globalization; Talent Cultivation

1. 中国高校公共关系专业培养中的通识教育与专业教育:平衡两者的努力与困惑

中国公共关系学专业教育已开始有意识地处理通识教育与专业教育之间的平衡问题,但是在很多细节上还未达成共识。有学者指出,通识教育是一种旨在培养具有全面素质和能够善尽国家公民职责的非专业性非功利性教育,它的教育内容是“人类发展进程中积淀下来的有普遍意义的、对人的一生都有普遍影响、能使人善尽作为‘人’和‘公民’职责的知识,是人类文化中的基本知识”,而“专业化教育往往侧重于以专业化、技术化、工具化的训练来培育出专家或人才,而不是首先把学生当成一个‘人’来培养”。可以说,通识教育与专业教育在理念是存在分歧的,这种分歧必然导致教学制度、课程安排等方面的分歧。公共关系学一旦作为专业确立起来,实际上在理念上已经承认了专业教育的思想。但是,中国高校的公共关系学专业教育与其他许多专业一样,都试图去平衡——也有人称之为融合——通识教育与专业教育。中国高校试图通过两种本来有分歧的教育思想的拼接,解决两者的平衡问题。这一事实,可以在中国各高校公共关系学专业的培养方案、培养计划或教学计划中看到具体表现。广西财经学院公共关系学(国际公关方向)专业人才培养方案中,就“培养要求”写到:“通过四年的系统学习和专业技能训练,循序渐进培养学生综合素质和公关专业能力”。华东师范大学公共关系学专业教学计划的指导思想指出,“根据 21 世纪社会经济发展对人才素质的基本要求,公共关系学专业本科教育计划一方面要贯彻‘厚基础,宽口径’的理念,另一方面要以专业课程为根本,以拓展课程为抓手,全面提高学生的综合素质和专业技能”。内蒙古财经大学公共管理系公共关系学专业本科学分制教学方案在培养目标及要求中指出，培养的人才要“具有一定的人文社会科学和自然科学基本理论知识，掌握本专业的基础知识、基本理论、基本技能”。上海师范大学公共关系学专业培养方案中指出，“设置基本素养模块、人文教育模块和公共关系专业模块，使学生具有新时期合格公共关系人才的基本素养，具有广泛的人文知识和扎实的专业基础”。浙江传媒学院公共关系学专业本科人才培养方案中，认为公共关系学专业本科人才的知识结构应该是：“具有人文社会科学、自然科学、文化艺术素养；具有全面扎实的专业知识；掌握一门外语”。中山大学传播与设计学院公共关系学专业培养方案中提出的培养目标是：“培养德智体全面发展，掌握现代公共关系专业知识和技能，善策划、懂管理、会传播的公共关系专业人才”。中国传媒大学公共关系学专业培养方案提出的培养目标提出：“培养德、智、体、美、劳全面发展，具有创新意识和团队精神的公共关系方面高层次的专门人才”。

希望平衡通识教育与专业教育的理念，直接影响着中国高校公共关系学专业的课程设置。上述高校公共关系学专业的课程设置都可以看到通识教育与专业教育理念在不同课程板块上的反映。中山大学公共关系学专业课程包括：公共必修课（思想道德修养与法律基础、马克思主义基本原理、文科数学、军事教育等课程）、公共选修课（中国文明、人文基础与经典阅读、全球视野、科技、经济、社会等）、专业必修课、专业选修课等四大板块；前两个板块体现了通识教育的理念，后两个板块则体现了专业教育的理念。中国传媒大学公共关系学专业培养方案中的课程板块包括三个：基础教育课程（思想道德修养和法律基础，马克思主义基本原理概论，社会学通论，政治学概论，西方哲学，古代文学名著选读等课程）、专业教育课程、院级选修课程；前一个课程板块是通识教育为主，后两个板块是专业教育为主。除去以上所提到的高校，我们还可以在更多设有公共关系学专业的高校看到类似的课程板块。上海东华大学公共关系学专业教学计划中，设计了通识教育、学科基础、专业方向课、综合实践课等四大课程板块。西南大学公共关系学专业本科教学计划设计了学科基础课程必修课、专业发展课程必修课、专业发展课程选修课三大课程板块。海南大学公共关系学专业教学计划中，设计了公共基础必修课、文化素质教育选修课、学科基础课、专业课四大课程板块。中国计量学院公共关系学教学进程计划表将课程分为四个板块：公共课、公共关系学公共必修、公共关系学学科必修、公共关系学专业必修。

应该说，不论是在理念、制度方面，还是在课程安排方面，中国高校公共关系学专业的确在努力实现通识教育与专业教育的平衡。然而，尽管中国公共关系教育界付出了巨大的努力与长期艰苦的尝试，但是结果却不是尽如人意。实际上,有些高校的教师与学生甚至产生了一种困惑:为什么越强调通识教育,学生们越觉得通识教育没有用?为什么越强化专业教育,学生们越觉得高校内的专业学习远远满足不了业界的需要?结果是,就公共关系学专业教育而言,不少师生感到既没有实现通识教育的目标,也没有实现专业教育的目标。因此,我们就很有必要追问,教育理念上寻求通识教育与专业教育的平衡——甚至融合——是否有问题?

2. 社会需求与专业建设之间的内在矛盾

现代意义上的通识教育,对公共关系学专业教育的不足是一种弥补。从现代意义的通识教育的内涵而言,它作为理念导出的制度与课程,应该与其他专业的制度、课程安排具有一致性。现代意义上的通识教育,被认为是以 1945 年《自由社会中的通识教育》(俗称《哈佛大学通识教育红皮书》)(*General Education in Free Society*)的发表为标志,取代了自由(博雅)教育的理念而登上历史舞台的。现代通识教育"以现代人的眼光,选取不同领域的经典知识,锻炼心智,形成统合社会所需的共同文化基础","其主要的作用在于弥补专业教育的缺陷、形成学生共同的知识基础、塑造个人和国家社会的精神"。通识教育理念下导出的课程安排,无疑会占用专业教育的时间,并在一定程度上削弱高校内专业之间的学科差别。因为它本质上是为统合社会塑造共同的文化精神,培养具有公民素养的"人",它与以古典人文教育传统为核心的自由(博雅)教育有一定的差异,后者更有助于培养思想自由发展的人。

由于现代意义上的通识教育对共同文化基础的追求,使以它为背景的专业教育与它出现本质上的理念分歧。因为任何一个专业的出现,都是以满足生产与服务细分为主要目的。公共关系学以专业的身份出现,即自证了自身是应该为特定的社会需求服务的。然而,在这里,一些隐藏的问题出现了。社会对公共关系学专业的需求究竟有多么特定呢?用来满足这种需求的知识与技能是否足够独特呢?为满足这些需求而提供服务的人的工作,其价值有多大的不可替代性呢?

这些问题的答案,是令目前所有从事公共关系教育的人感到有些沮丧的。与医学教育、会计教育、法律教育等专业相比,公共关系学专业的不可替代性显然较弱。如果没有医学教育,社会将会缺少医生,这样的后果是不可相象的。如果没有会计教育,政府、企业将会缺少会计师,整个当代经济社会的复杂运营可能失控。如果没有法律教育,社会将缺少律师,人们、企业、政府将因为各种法律争端无法解决而陷入混乱。可是,如果没有公共关系学专业教育,可能企业、政府等需要相关服务的机构会寻找来自文学专业、法律专业、经济专业的人来从事公共关系工作。实际上，在目前的企业、政府之内，大量从事公共关系工作的人并非是公共关系学专业。这就使我们不得不承认一个事实：公共关系专业人员的可被替代性很强。

另外，公共关系专业人员又会接到来自社会各类组织结构的要求，后者希望公共关系学专业帮助它们从事各种各样极其复杂而丰富的沟通活动。这就使得公共关系专业人员需要知晓很多领域的问题（至少在解决问题的时候需要知晓），而要通过专业培养完成公共关系人员的训练，实际上会面临一个异常庞大的需求矩阵。为了应对丰富多样的需求，为了解决各个领域的复杂问题，公共关系专业人员就需要了解多方面多领域的知识，这就使公共关系学专业的学科规训难以非常稳定地固定下来，或者换句话说，公共关系专业很难形成严格的学科规训。实际上，长期以来，我国公共关系学专业的学科归属与科系归属在现实执行过程中争论不休的状态，从一个方面反映了这种内在的问题。但是，在《普通高等学校本科专业目录（2012 年）》中，公共关系学（专业代码：120409T，T 指特设专业）归属于公共管理类（专业类代码：1204），而公共管理类所属学科门类为管理学（学科门类代码：12）；具体的专业开设院系则分布在各种相关院系之下。公共关系学不仅学科归属和院系归属存在争论，甚至，我们可以说，长期以来我国公共关系学教育内容本身是属于通识内容还是属于专业内容都不甚清晰。1987 年，国家教委正式把公共关系学列入行政管理、企业管理、旅游管理、市场营销、广告学、新闻学等专业的必修课，全国大约有 300 多所大学开设了公共关系课程。这当然说明了对公共关系教育的重视，但是从一个方面说明，公共关系学本身具有通识课程的性质。至今，仍有学者提出，“高校应全面开展公共关系教育”，这依然是在强调公共关系学的通识性质，而非突出它的专业性，或者说，这种观点本身包含了不认为公共关系应该成为独立专业或学科的思想。我们知道，学科是对知识的分类，某一学科的建立是人们对某一知识类别的明确化的过程。因此有学者指出，学科具有类似制度和规训的性质。按照现代学科的意义，如果没有严格的学科规训，作为学科的专业地位就很难牢固确立——这就好比一个难以稳定自己疆界的王国。因此，如果想要确立公共关系学专业明确稳固的学科地位，要想增强公共关系专业人员工作的不可替代性，就有必要建立更加明确的专业知识体系与专业规训。

可见，社会对公共关系学专业的需求的特征（多行业、多领域、复杂的、丰富的）与专业建设对更严格的规训的内在需求（知识专门化、严密的、细分的）之间存在着尖锐的矛盾。

3. 关于如何平衡通识教育与专业化教育的矛盾状态

上述的尖锐矛盾，直接导致了中国高校公共关系学专业教育理念指导思想的矛盾状态，寻求平衡通识教育与专业教育的平衡，本身即是指导思想中矛盾的体现与博弈的阶段性结果。

寻求通识教育与专业教育的平衡，具体在课程设置与科系设置方面有进一步的体现。实际上，在通识教育与专业教育之间关系的历史演变与制度安排过程中，课程设置与科系设置一直是问题的焦点。公共关系学专业遇到的问题，并非一个独有的问题，只不过因为上述矛盾（当代社会对公共关系专业的需求的特征与专业建设对更严格的规训的内在需求之间的矛盾）给公共关系学专业的发展压力更加明显。

在目前中国高校的公共关系学专业的课程表中，我们可以看到有公共必修课、选修课的区分，还有专业基础课、专业必修课、专业选修的区分。这种对课程性质进行复杂分类的做法所体现的教育理念，有美国大学教育发展史中出现的自由选修制、主修制度及通识分类必修制度的深刻影响，有我国清末到民国时期提出的通才教育模式的影响，有1952年后我国移植的苏联专才教育模式的影响，还有后来的宽口径专业教育观念和素质教育观念的影响。我们可以发现美国大学的现代教育思想对我国高校的课程制度影响最为深远——尽管期间汇入了多种教育思想的潮流。美国最早的选修课出现在19世纪20年代，但选修制度的完善则是在19世纪90年代才得到完善，其主要推动者是哈佛大学校长查尔斯·艾略特。1869年，艾略特就任哈佛大学校长，他认为美国需要受过专门训练的领导人，他们应该能够管理复杂的现代社会；他认为美国需要高等学校来培养律师、医生、工程师、地质学家和经济学家，由他们来控制和领导新的社会环境。1872年，选修制度在大学四年级中实施。至1894年，哈佛大学本科生的必修课只剩下修辞学和一门外语。20世纪初，自由选修制度的弊端逐渐呈现。在该制度下，学生的学习缺乏系统性，也难以形成共同的文化。哈佛大学的罗尔在任校长期间（1909—1933年），开始推行主修制度，要求学生毕业最低限的16门课中必须有6门集中主修某一个学科门类或领域，科系因而在哈佛产生。主修制度直接促进了美国大学现代科系制度的产生，并对世界的大学教育产生了深远的影响。罗尔在规定专业主修科目的同时，也规定其他4门必须在文学、自然科学、历史、数学四个分类中各修一科，这样就形成了通识分类必修制度，以确保学生得到人类经验的完整性。“自由选修制为现代意义上的‘专业教育’与‘通识教育’的形成奠定了重要的基础，而后来的主修制度和通识分类必修制度则使得专业教育与通识教育有了明显的区别与界限，开始了正式的分化”。然而，关于专业教育与通识教育的讨论从来就没有停歇过，争论是长期存在的。

尽管中国高校公共关系学专业的教育近年来一直努力平衡专业教育与通识教育之间关系，但是有两个原因影响了这种追求平衡的努力的效果。其一，学生在大学修业时间是有限的。中国高校本科教育的修业年限是四年，在这有限的修业年限中，时间被通识教育课程和专业课程分别占用，因此很难实现高质量的通识教育，专业学习时间也变得更加有限。其二，业界所强调公共关系学专业最重要的几项能力——沟通能力、写作能力、语言能力、外语能力等的达成，恰恰又不是专业课程可以单独胜任的。这样，就将中国高校公共关系学专业教育置于一个非常尴尬的境地。

4. 全球化趋势对中国高校公共关系学专业教育的新压力

在通识教育与专业教育长期博弈的背景之下，全球化趋势作为一种新的影响因素，正于通识需求与专业需求两方面同时给中国高校公共关系学专业教育施压。一方面，在全球化的趋势下，跨文化政治经济活动增多，许多组织机构需要在不同的文化环境中开展公共关系工作，这就需要更多的通识教育来加强未来公共关系从业人员的文化适应能力。与此同时，全球化趋势下主要国家的工业化发展到新的阶段，社会生产的专业化程度进一步加剧，这从另一个向度上要求未来公共关系从业人员要对一个行业甚至对某个行业内某个具体环节有深入的了解，这其实要求公共关系学专业教育进一步专业化。这样一来，就使中国高校公共关系学专业的人才培养面临更加复杂的处境。

全球化引发了世界在很多方面深刻的变化，人们认识世界、解释世界的方法、方式也随之发生深刻的变化。在思想领域，解释世界的理论与观点往往存在着巨大的分歧，这些分歧进一步造成了政府、企业等组织结构的制度安排、运营机制以及组织文化。对于各类组织结构的公共关系工作而言，在这个变化的世界中，也越来越感受到更多的来自跨文化管理与沟通的新挑战。

全球化趋势下跨文化的管理与沟通的要求，使公共关系学的教育不仅要处理好传统意义上的通识教育与专业教育的平衡问题，还要应对更深层的价值观、世界观层面的观念博弈与互通的挑战。这种挑战，与通识教育与专业教育的平衡问题的挑战，不是第一阶段与第二阶段的关系，而是更复杂的交杂关系，以半隐匿的状态存在着，我们无法勾勒出这两种挑战的交杂关系的清晰图示，但是却能感受到这种状态带给我们的压力。

尽管无法清晰描绘出全球化趋势造成的挑战如何与通识教育与专业教育的平衡问题的挑战复杂的交杂状态,但是本文下面尝试从全球化趋势下的几种解释组织发展的理论的特征去讨论它们对中国高校公共关系学专业教育的压力。

全球化趋势下的组织研究的观点大致可以分为两大类。第一类可以被称为弱背景观点。支持这类观点的理论是那些对特定的国家和地区的特殊背景不太敏感的理论。这类理论有一个普遍特征,是强调经济与技术的力量,强调人类需求和动机的激励。国家、地区的特定影响不被做为解释组织问题的重要背景,因此被称为"弱背景"观点。第二类观点可以被称为强背景观点。支持这类观点的理论在考虑组织的国家差别时,给予民族文化或国家制度体系以理论上的优先性。由于这类理论中都特别优先强调特定的国家背景、国家理性——它们以一种背景形式出现在对现象进行解释之前——因此被称为"强背景"观点。

以上两类观点,在影响公共关系学专业教育方面,可以生发出不同的教育重点。"弱背景"观点的共性是它们把国家差别的影响最小化,它们所强调的主要有经济学万能主义、技术、心理学万能主义与方法论万能主义。它们的影响如果施加到公共关系学专业教育领域,就会生发出对操作程序与方法论的强调,会要求在教育中寻找各种操作上的可能性,以及寻找和构建具有通用价值的功能性的方法,因此经济学、技术、心理学、方法论将是专业教育的重点。

"强背景"的观点将国家的独特性、文化的特殊性等作为影响组织的重要因素。在理论方面,文化理论、文化信息理论、制度理论将被用来表达文化偏好与制度差异。这类观点的影响如果施加到公共关系学专业教育领域,将会生发出对历史、文化与国家哲学的强调,因此历史学、文学、哲学将成为专业教育的重点。

实际上,在现实的思想世界中,并非有"弱背景"观点或"强背景"观点中的任何一类一统天下。这两类观点在世界范围内以非常复杂的夹杂状态影响着世界各国的政府、企业及各类组织的生存与发展。因此,这两类观点的分歧,一方面给公共关系学专业教育制造了新的压力与挑战;另一方面——如果我们能从探索教育内容的安排视角来思考它们——它们实际上为公共关系学专业的教育构筑了在全球化趋势下的内容建构方式,或者说,知识体系的建构方式。

按照以上的逻辑,我们可以导出在公共关系学专业的教育在全球化趋势下的内容建构中,需要包含经济学、技术、心理学、方法论、历史学、文学、哲学等方面的教育内容。在这些内容中,有通识教育的内容(历史学、文学、哲学、经济学、心理学等),也有专业教育的内容(方法论、技术)。

就方法论、技术而言，公共关系学专业有必要开发自身独特的方法论与技术。正是这部分内容，将成为构成学科规训中独特的内容——而根据公共关系学专业需要进行的历史学、文学、哲学、经济学、心理学等方面的教育，则应是学科规训中的基础规训。至此，我们可以在一个新的思想空间中完成通识教育与专业教育的平衡，这种平衡不是将两类课程板块简单地拼接，也突破了传统上所谓的理论与实践的争论，而是以这些教育内容与新时代人们认知世界与组织的方式相联系。在现实的公共关系学专业教育的培养方案与课程规划中，我们因此可以根据这种教育内容的建构思路，开设相应的课程，指导学生开展相应的训练。

参 考 文 献

张东海. 2008. 通识教育：概念的误读和实践的困境——兼从全人教育角度理解通识教育内涵. 复旦教育论坛(4)：20.

中国传媒大学公共关系系. 2011. 中国高校公共关系学专业/方向教学计划及课表汇总. 中国高校公共关系学专业战略发展研讨会(2011)会议资料(未公开出版).

徐文娟、徐文虎. 2011. 通识教育与专业教育内涵界定与历史探源. 宜春学院学报(7)：158.

教育部. 2012. 普通高等学校本科专业目录(2012年).

张玉梅. 2012. 高校应全面开展公共关系教育. 价值工程(9)：160.

华勒斯坦. 1999. 学科·知识·权力. 北京：三联书店.

王英杰. 2002. 美国高等教育的发展与改革. 北京：人民教育出版社：26.

王玲. 2010. 美国通识教育与专业教育之间关系的历史演变及制度成因. 济南大学学报(社会科学版)(5)：69.

黄坤锦. 2006. 美国大学的通识教育. 北京：北京大学出版社：11.

马尔科姆·沃纳、帕特·乔恩特. 2004. 跨文化管理. 北京：机械工业出版社：32-33.

论互联网公关时代

谭昆智*

【摘要】 时代的变化，从来都不是以人的意志为转移。互联网时代重塑着生活中的每个方面。公共关系已然变化，作为公关人，这个时代，没有定律，必须接受改变，把握改变，这就是互联网公关时代。本文从四方面展开分析：互联网与公共关系、互联网公关内涵、互联网公关特性和互联网公关实操。改变不了环境，就改变自己；改变不了事实，就改变态度；改变不了过去，就改变现在。互联网媒体已经足以撼动传统媒体，超越之势已然明显，我们可以说，互联网公关时代已经来临。

【关键词】 互联网公关；社会化媒体；网络论坛；意见领袖；SSEO与 SEM

The Era of Internet Public Relations

TAN Kunzhi

Abstract The changes of the times are never governed by human will. The age of the Internet is reshaping every aspect of life. As public relations has changed, so do the PR practioners: they have to usher in the new era of Internet public relations. This paper analyzes four topics, namely the Internet and public relations, the meaning of Internet public relations, the characteristics of Internet public relations and the practice of Internet public relations. As the Internet has been enough to shake the traditional media, turning a blind eye to it is impossible, we can say that the Internet public relations era has come.

Key Words PR Online; Social Media; Bulletin Board System; Social Network Site; Key Opinion Leader; SSEO&SEM

---

* 作者简介：谭昆智，中山大学副教授，公共关系学专业硕士研究生导师、中山大学公共传播研究所研究员。

时代变化的速度，超出了绝大部分人的心理预期。简单地看，经济的形式已渐渐从需求性经济转化为体验式经济。如今，公关的媒体已从传统媒体时代进入互联网时代。在互联网时代，我们必须认识到，互联网媒体已经足以撼动传统媒体，超越之势已然明显，我们可以说，互联网公关时代已经来临。

1. 互联网与公共关系

公共关系(Public Relations)是运用现代信息传播沟通手段，建立完善组织与公众之间的双向交流，促进相互了解、理解、信任与和谐，为组织优化社会环境，树立良好形象。而网络公关也就是指组织在网络空间的公众关系。网络的空间存在着形形色色的“大众群体”，组织通过其网络上的各种存在形式，以及通过采取各种方式与网络公众增进了解，进而维持与公众的良好关系与互动，以此来加强组织形象的影响力，促进组织的发展。

1.1 互联网裂变传播

现在互联网公关时代已经来临，用户可随时随地上网，信息科技的不断创新，信息传播速度之快，给组织公关危机形成造就了更迅猛的挑战，也给组织形象创造了更便捷有力的机遇。

(1)“裂变式”传播。

当前，除电脑外，手机终端也可以发微博和微信，这使得随时随地发布信息成为可能。而一个信息被关注后，互相转发产生“辐射”，得以迅速传播。这种“人与人群”的渗透就是“裂变式”传播，其区别于以往任何一种媒介产品的传播速度和广度。

(2)互联网的锋芒。

互联网之所以如此特殊，在于它的锋芒所及，不仅急剧减少了组织与组织、人与人之间的各种交往费用，令人目眩地降低了整个社会经济体的运行成本，而且正从基础上重构传统商业、社会乃至政治运行的方式。互联网最强大的功能，则是海量信息的零成本制造与传播。它天然地以分享反对垄断、以透明反对暗箱操作，与高高在上的独断、众乐乐不如独乐乐的封闭思维格格不入。它不仅是一种技术，更是一种价值，一种文化。

1.2 公关在互联网中的变化

(1)传统传播与信息传播。

随着互联网络时代的到来，公众对信息的需求快速膨胀，信息的传递速度大大提高，组织的透明度日益清晰，信息的“控制”越来越难。组织必须越来越重视公众的意见，有些人甚至把舆论形容成“法院”，以突显其影响力。

任何组织和个人一经“人肉”便无所遁形。在这种情况下，组织必须拥有足够的公共关系编制，才能更好地应对这种危机与挑战，满足公众日益强烈的沟通需要。与此同时，组织越来越难以为所欲为。过去，由于受到信息传递的速度与范围制约，他们可以通过“控制”舆论，轻而易举地捂住负面报道，使有限的批评与极小范围的负面传闻销声匿迹而蒙混过关。现在，由于互联网的出现，上亿台个人电子终端，四亿人的参与，任何资讯都很难被控制，有时候要猫腻反而会欲盖弥彰，弄巧成拙。因此，任何组织明智甚至是唯一的选择就是密切注意自身及其成员的一举一动、一言一行，并学会应用公共关系知识与技能及公关专业技术人员合理展示、披露该组织及其成员的表现，以得到媒体与公众的认同。

(2)推动公关发展的原动力。

创造性和灵活性始终是推动公关发展的原动力①。中国自古亦有“识时务者为俊杰”的说法，可见，互联网横空出世作为一个前所未有的新媒介，公关从业者必须恰当应对才能使自己和这个行业始终伫立政治经济生活的潮头。

公共关系这门艺术经过近百年的发展业已成为一门有影响力，而且系统完备的成熟学科，懂得运用公共关系理论的人能够通过强大而温和的手段，来影响人们的观念。如今，舆论的力量空前高涨，它可以使官员下马、使公司倒闭、使政府部门广受诟病；同时，它也能创造出国际知名品牌，使一文不名的组织和个人一夜成名，使某个政党或个人一举在大选中获胜，甚或是使战争提前结束。公共关系变得无处不在，维护和改善组织形象变成了每个人的责任。它成了我们每个人工作和生活的一部分。任何组织都得让公众了解它的活动与目标，进而转化成善意的勤奋工作和热心支持。我们相信全面公关时代终将到来。

2. 互联网公关内涵

互联网公关(PR online)指组织与互联网、移动网形成的一种媒体关系，它的特征是不受地点、时间和展示形式的限制，具有极强的精确性、发散性、传播性与裂变性。网络媒介的形式多样，有新闻性媒体、有社交圈

① (美)伦纳德·萨菲尔(Leonard Saffir).强势公关(公共关系管理).北京：机械工业出版社，2002.154

层媒体(Social Media)、视频类媒体、搜索引擎等多种展示形式。

2.1 互联网公关传播

互联网公关传播,即通过新闻软文、微博、微信、论坛社区、博客等口碑传播,结合网络优化技术,将组织的形象和品牌关键词,以及重要的形态、产品关键词进行维护,以使搜索结果的前几页充满了高权重的正面优化信息,进而使负面信息难以让网民访问到,也就给组织形象打造了一个金钟罩。

2.2 互联网公关领域

既要掌握互联网技术,需要各种舆情管理工具,还需要掌握媒体关系与渠道,在应变性、人力组织与执行力上都与传统公关有着很大区别。互联网公关往往是一个可以透明化、可数据化的工作,这样更利于组织随时掌握自己形象在社会的反应,也可就数据位决策提供依据。

3. 互联网公关特性

以博客、微信、论坛、BBS等为代表的网络传播,深刻地改变着组织和管理者的公关思维,互联网公关时代已经到来,组织将不得不作出艰难的改变以适应互联网公关。互联网公关成为组织的超级雷区,处处暗藏危险。在"网络世界里,知识就是力量",无论是内部自己来或者聘请组织的网络讯息监看者,组织都应时时查看网络聊天室、讨论区、在线媒体以及竞争者和批评者的网站。

3.1 人与媒介的关系

当今社会,媒介不仅作为人们的一种工具对象存在,而且作为技术的媒介已经成为了人们生活的环境本身,人们处于媒介的包围中,进入到了"媒介时代"。一方面,人们设计、塑造并使用着媒介;另一方面,媒介也对人本身进行再塑造。

身在大众传播时代,人们在生活和工作上与各种媒介的关系越来越紧密,读报、听广播、看电视、上网,这些都是我们日常生活中再寻常不过的举动。媒介是人们了解世界的主要手段,当今大规模媒介传播已成为人们在现代社会逐步建立和完善起来的一种机制。

在传播史较早时代,人们总是对新的传播媒介感到震惊和敬畏,免不了带有一些宗教的神秘色彩,而随着新的媒介技术的产生,媒介发展的内在规律和特点慢慢为人们掌握,媒介再也没有以前的神秘色彩,人们在媒介技术的运用上不再有障碍。

同时,我们应该看到,现代社会人们对各种传播媒介的依赖越来越强,传播媒介作为一种社会力量正变得越来越强大。人们对传播媒介的依赖日益强化,传播媒介是我们获得信息的主要来源,报纸、广播、电视和网络已是我们生活中不可缺少的因素。

3.2 社会化媒体互动

社会化媒体(social media)是一个近来出现的概念,是指"能互动的"媒体。社会化媒体改变以往媒体一对多的传播方式为多对多的"对话"。在社会化媒体领域有两个关键词:UGC(用户创造内容)和CGM(消费者产生的媒体)。网络的社会化将逐渐地影响到每个人、每家公司,深入到世界的每个角落,社会化媒体是一种给与用户极大参与空间的新型在线媒体。

(1)社会化媒体的特征。

①参与:社会化媒体可以激发感兴趣的人主动地贡献和反馈,它模糊了媒体和受众之间的界限。

②公开:大部分的社会化媒体都可以免费参与其中,他们估计人们评论、反馈和分享信息。参与和利用社会化媒体中的内容几乎没有任何的障碍——受保护的内容除外。

③交流:传统的媒体采取的是"广播"的形式,内容由媒体向用户传播,单向流动。而社会化媒体的优势在于,内容在媒体和用户之间双向传播,这就形成了一种交流。

④对话:传统媒体以"广播"的形式,将内容单向传递给受众。而社会化媒体则多被认为具有双向对话的特质。

⑤社区化:在社会化媒体中,人们可以很快地形成一个社区,并以摄影、政治话题或者电视剧等共同感兴趣的内容为话题,进行充分的交流。

⑥连通性:大部分的社会化媒体都具有强大的连通性,通过链接,将多种媒体融合到一起。

(2)社会化媒体的形式。

①论坛:用来进行在线讨论的平台,通常围绕着特定的话题。论坛是最早出现的社会化媒体,同时也是最强大、最流行的在线社区平台。

②微信:2014年微信总用户数是6亿(国内用户5亿,海外1亿),支持发送语音短信、视频、图片和文字。可以群聊,仅耗少量流量,适合大部分智能手机。所以说,微信是一个生活方式。

③播客:可以通过Apple iTunes等软件来订阅的视频和音频内容。

④博客:可能是社会化媒体最广为人知的一种形式。博客是在线的

刊物，最近发布的将显示在最前面。

⑤社交网络：人们可以在这类站点上建立个人主页，在朋友之间分享内容并进行交流。最著名的社交网络是 MySpace，它拥有近 2 亿用户。

⑥内容社区：组织和共享某个特定主题内容的社区。最流行的社区一般集中于照片（Flickr）、数千（del. icio. us）和视频（YouTube）等相关内容。

⑦微博：一个基于用户关系的信息分享、传播以及获取平台，用户可以通过 WEB、WAP 以及各种客户端组建个人社区，以 140 字左右的文字更新信息，并实现即时分享。

⑧维基：维基站点就像一个公共数据库，人们可以在上面添加内容，或对现有的内容进行修订和增补。最著名的维基站点是维基百科。

社会化媒体是一种给与用户极大参与空间的新型在线媒体，博客、维基、播客、论坛、社交网络、内容社区都可以互动。社会化媒体还在变化更新中，更多的业态有待进一步更新。

4. 互联网公关实操

互联网公关（Electronic Public Relation，简称“EPR”）的工作内容：网络新闻发布、竞品分析、BBS 论坛 &SNS 公关、网上公关活动、网络视频公关、KOL 传播，如图 1 所示。

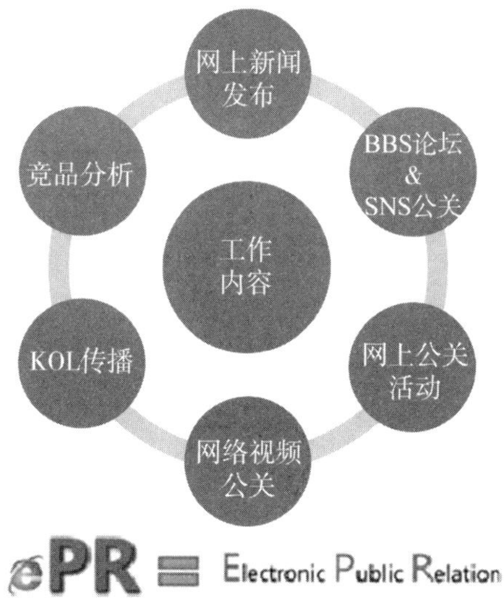

图 1　互联网公关工作内容

4.1 个性互动，共享无限

个性化、互动性、信息共享化和资源无限性，使得网络信息传播的方式是全新的，它已集个人传播（如电子邮件）、组织传播（如电子论坛）和大众传播为一体，E公关也正是对这些传播方式重新进行的整合公关方式。

4.2 EPR推广，营造形象

EPR（PR Online）即互联网公关，又叫线上公关或e公关，它利用互联网的高科技表达手段营造组织形象，为现代公共关系提供了新的思维方式、策划思路和传播媒介。

（1）互联网公关的广义和狭义。

广义网络公关是指网络化组织以电信网络、有线电视网络，以及计算机网络为传播媒介，来实现营造和维护组织形象等公关目标的行为。狭义网络公关是指组织以计算机网络即互联网为传播媒介，来实现公关目标的行为。

（2）全方位深入传播。

互联网传播的信息分享是随时随地、新鲜快速。互联网的信息丰富多彩，形式多样的互动。每个人既是受众，又都是传播的自主主体。

（3）EPR（互联网公关）推广的方法。

互联网公关推广是一个非常宽泛的概念，包括利用互联网手段所做的一切推广及为推广服务的工作，包括网站的建设与优化、新闻软文为首的网络公关推广、各种网络广告、邮件群发等。如BBS、新闻媒体、SNS、问答平台、博客等利用图片、文字、视频（UGC）等形式，这些形式以一种网民化的语言来吸引网民注意，达到宣传和推广的目的。

所以，我们需要研究受众的习惯爱好，选择或创造出更合适的方式，进行双向传播与沟通，更好地掌握、引导、参与、影响和了解网民行为习惯，达到引导传播方向，真正把影响力互联网化，真正重塑组织形象。

4.3 互联网公关工作

（1）网上新闻发布。

在互联网发达的时代，许多企业都把目光对准了网络，越来越多的企业选择在网络上进行新闻宣传，来扩大知名度和美誉度。网上新闻发布要依靠新闻发布系统，其也可叫做文章发布系统、文章管理系统，主要用于搭建新闻资讯类网站。网上新闻发布最大的特点是费用较低且新闻链接永久有效，如图2所示。

图 2　网上新闻发布

（2）论坛 & SNS 公关。

①网络论坛。这是一个和网络技术有关的网上交流场所。一般就是大家口中常提的 BBS。BBS 的英文全称是 Bulletin Board System，翻译为中文就是“电子公告板”。BBS 最早是用来公布股市价格等信息的，当时 BBS 连文件传输的功能都没有，而且只能在苹果计算机上运行。而现在的网络知识流行太快，每个行业都有一个自己在网络中进行交流的一块区域。论坛是最好的地方。

②SNS（Social Network Site）。即社会性网络服务，专指旨在帮助人们建立社会性网络的互联网应用服务。也指社会现有已成熟普及的信息载体，如短信 SMS 服务。SNS 的另一种常用解释：全称 Social Network Site，即“社交网站”或“社交网”。

社会性网络（Social Networking）是指个人之间的关系网络，这种基于社会网络关系系统思想的网站就是社会性网络网站（SNS 网站）。SNS 也指社会性网络软件（Social Network Software），是一个采用分布式技术，通俗地说是采用 P2P 技术，构建的下一代基于个人的网络基础软件。

③网络论坛 & SNS 公关。就是运用网络论坛和社会性网络服务作为工具，从而进行公共关系的传播沟通活动。公共关系活动是社会组织同公众之间进行传播和沟通的过程。传播是社会组织了解公众、公众认知组织的中介和桥梁。公共关系工作从本质上来说就是一种传播活动，要做好公关工作，有效地利用各种传播媒介，才能营造一个良好的舆论环境和公众环境。

（3）论坛 & 社媒公关。

社交媒体的广泛使用彻底改变了人们交流和分享信息的方式，巨大的影响力促使各行各业的组织建立新的战略，转向社交媒体。社媒公关在网络论坛的配合下，可直接与消费者对话，作为聆听消费者、分享组织最新信息的渠道。网络论坛&社媒公关涉及到的是市场教育、软文发布、WIKI式问答和病毒视频等。

①市场教育是指现代组织在管理过程中，从战略角度出发，通过分析市场发展变化规律及公众需求动态、需求心理等，运用现代公共关系实务及广告等进行的一系列教育形式及途径。

②软文发布(新闻通发或者新闻发布会)是指经常向媒体和目标市场发布有趣新闻的电子软文。因为新闻假如被引用，可快速获取成百上千的外部链接。

③WIKI式问答是互动传播介于第三方口碑而创建的网络沟通的方式，既能与潜在消费者产生互动，又能植入商家广告，是做形象口碑、互动传播不错的沟通方式。

④“病毒视频”可被视作“病毒传播”的最新形态。借助电子邮件、视频博客以及YouTube① 这样的视频托管网站，视频片段在互联网上得到大面积的传播。从制作风格上看，“病毒视频”通常十分诙谐幽默，除了一些精彩的原创剧本，还包括为数众多的“改编”作品——从对知名视频片段的戏谑模仿到某部影视作品的巧妙改造。

传统媒体的影响力在社交媒体的夹击下开始下降。社交媒体使得那些名人明星成为了一呼百应的自媒体，例如新浪微博粉丝数超过2500万的姚晨，其每一条微博的受众都远超过微博拥有最多粉丝量的纸媒《新周刊》(580万)②。社交媒体的种种属性决定了“微博时代”的公关要遵循三范式：“+0”时间的事件处理机制；信息公开和管理机制；信息沟通过程中的双向性和平等性。

面对社交媒体时代的种种挑战，加强组织的能力建设是适应新媒体时代的最有效手段。这种能力建设包括组织的供应链、上下游利益相关者管理、产品或者服务的质量管理、组织的声誉和客户价值认同的改进，同时还要注重组织社交媒体公关能力的建设。这种能力建设意味着建立起一整套危机处理机制：对组织信息分类管理，确定信息的传播边界；建立危机应对机制，流程化处理信息发布、公关、消费者和供应商关系管理，以及必要的理赔和退换服务；按照组织的相应文化，建立易于沟通的信息交流渠道去传播组织价值，增进客户和社会对组织形象的认同感。

---

① YouTube是全球著名的视频网站，可供网民上载观看及分享短片，至今它已成为同类型网站的翘楚，激发网上创作并造就多位网上名人，已经成为了世界上访问量最大的视频播客类网站。

② 谢祖墀.社交媒体时代的公关三范式.北京：销售与市场，2012(12)：24

(4)KOL 的选择。

在互联网公关时代，关键意见领袖(Key Opinion Leader，KOL)是个不可缺少的元素。他的 基本上就是在微博上有话语权的那些人。KOL 就是意见领袖，也是我们常说的微博红人之类的，这些人在一些行业可能是专业的，或者非常有经验，所以他们的话通常都能够让其粉丝信服。KOL 的影响力在互联网公关时代的过程中是不可或缺的。

(5)APP 合作。

APP(应用程序，Application 的缩写)应用软件。由于 iPhone 等智能手机的流行，应用指智能手机的第三方应用程序。比较著名的应用商店有 Apple 的 App Store，Android 的 Play Store，诺基亚的 Ovi Store，还有 Blackberry 用户的 BlackBerry App World，以及微软的应用商店。

运用现代公共关系实务的合作开发的产品，针对亲子教育、互动阅读与手机动漫、手机游戏、移动应用等多种新媒体手段，将其融合为一体的文化创新模式，有利于填补国内应用市场尚无同类强势 IP 效应产品的空白。如拓维信息已于 2014 年 9 月 30 日与湖南快乐芒果互娱科技有限公司 (芒果互娱)、湖南金鹰卡通有限公司(金鹰卡通)签订了《＜爸爸去哪儿＞数字阅读 APP 三方合作协议》，三方就《爸爸去哪儿》《哪鹅》等相关图书的数字阅读 APP 的开发、运营、宣传、推广，达成合作协议。

(6)网络 PR 活动。

①活动四要素。现代公共关系提供了新的思维方式、策划思路和传播媒体，而网络公共关系思维就是公共关系意识也可以理解为公共关系观念、公共关系思想，是一种现代化经营管理和危机公关管理的思想、观念和原则，是一种开明的经营和管理观念，是一种全新的思维方式和交往方式的，网络 PR 活动的四要素有：互动性、趣味性、服务性、吸引力。

②玩转微博与微信：传头像；发微博与微信(话不在多，以精为妙)；加话题；有惯性(持续的“出镜”能够反复给大家留下印象，提高对你的关注)；恰当转播；觅听众(每天能看到其精彩发言)；发邀请(一起开心一起闹)；发私信。

(7)SEO 与 SEM 对公关的帮助。

SEO(Search Engine Optimization，搜索引擎优化)，就是帮助用户查找存储在个人电脑、计算机网络中的信息的软件程序(例如：百度、谷歌)。针对搜索引擎的理论机制，对网站结构网页文字语言和站点间的互动外交策略，进行很里规划部署来发掘网站最大潜力。从而使其在搜索引擎具有较强的自然排名竞争优势。从而，促进组织在线管理和强化网络形象，这就是针对搜索引擎对自己的网站进行优化。

SEM(Search Engine Marketing，搜索引擎营销)，是一种新的网络营

销形式。SEM所做的就是全面而有效地利用搜索引擎来进行网络营销和推广。SEM追求最高的性价比,以最小的投入获得最大的来自搜索引擎的访问量。

从定义上来说,SEM应该包括SEO,SEO只是SEM搜索引擎营销中的一种。SEM优点是时间短,见效快,排名较稳定,但广告资金花费较大。而SEO花费资金较少,自然排名可信度更高,但排名时间周期较长,见效慢,排名不稳定。

在互联网公关传播上,SEO与SEM作为直接的宣传,覆盖广泛,能够形成立体式的宣传网络,使得公众对组织形象得到认知,公关软文传播为网站提供优质的外链同时也在潜移默化地影响公众的选择,破除信息与公众的对立屏障,使公众对组织形象得到认可。所以,信息、公关、搜索推广这三方面配合来做的效果会更好,能够砸出智慧的火花。

(8)每日个人都是Cookie。

Cookie(储存在用户本地终端上的数据)。服务器可以利用Cookies包含信息的任意性来筛选并经常性维护这些信息,以判断在HTTP传输中的状态。Cookies最典型的应用是判定注册用户是否已经登录网站,用户可能会得到提示,是否在下一次进入此网站时保留用户信息以便简化登录手续,这些都是Cookies的功用。Cookie涉及到的事项有IP地址、运动、餐厅、旅行、电子产品、服饰、化妆网络、上线时间等,这些都是每日个人几乎都要涉及到的东西,如图3所示。

图3 每个人都是Cookie

5. 小结

从以上四方面的展开剖析，我们可以看到，互联网已经成为信息传播的主要途径。由于其成本低廉，传播迅速，已经成为人们获取信息的主要渠道。公关的媒体已从传统媒体时代进入互联网时代。当然，传统媒体依然具有可观的受众，绝对的公信力，但是传统媒体的受众，其公关传播的价值已经大打折扣。相反，互联网媒体的受众，则横跨各年龄层次，尤其在 18 岁～35 岁人群中具有极强传播性，通过互联网媒体所实现的传播，往往能够以四两而拨千斤。在互联网时代，公关媒体在选择上，就必须做到深入思考，否则，将会事倍功半。目前我们学习的新要求：追兵就是标兵，对手就是老师。我们应该有三改变思想：改变不了环境，就改变自己；改变不了事实，就改变态度；改变不了过去，就改变现在。因此，我们必须认识到，也必须承认，互联网媒体已经足以撼动传统媒体，超越之势已然明显，互联网公关时代已经来临。

参 考 文 献

曾航、刘羽、陶旭骏. 2014. 移动帝国：日本移动互联网兴衰启示录. 浙江大学出版社.

刘积仁、史蒂夫・佩珀马斯特. 2013. 融合时代：推动社会变革的互联与创意. 中信出版社.

克鲁姆. 2012. 移动营销的魔力：让你的客户无处可逃. 电子工业出版社.

城田真琴. 周自恒译. 2013. 大数据的冲击. 人民邮电出版社.

比约・布劳卿、拉斯・拉克、托马斯・拉姆什. 2014. 大数据变革：让客户数据驱动利润奔跑. 机械工业出版社.

陈威如、余卓轩. 2013. 平台战略：正在席卷全球的商业模式革命. 中信出版社.

王大恩. 2013. 微信营销与运营. 机械工业出版社.

谭磊. 2013. 数据掘金：电子商务运营突围. 电子工业出版社.

鬼脚七. 2013. 做自己：鬼脚七自媒体第一季. 电子工业出版社.

鬼脚七. 2013. 爱生活——鬼脚七自媒体第二季. 电子工业出版社.

查克・马丁. 向坤译. 2014. 决胜移动终端. 浙江人民出版社.

危机情境下的企业形象修复策略研究

刘国华*

【摘要】 媒体科技的蓬勃发展和民主意识的逐渐觉醒，使得危机的影响越来越复杂。一旦企业涉及到危机事件，其企业形象就会受到巨大的损伤。因此对于企业而言，在各种危机情境下采取适当的形象修复策略是相当重要的。

【关键词】 危机情境；企业形象；形象修复

A Study on the Strategies of Image Repair under Different Crisis Situations

LIU Guohua

Abstract With the development of media technology and the gradual awakening of democracy awareness, the impact of crisis has become increasingly sophisticated. Once enterprises are involved in crisis, their corporate image would be seriously damaged. For businesses, how to repair the image with appropriate strategies under a variety of crisis situations is very important.

Key Words Crisis Situation; Corporate Image; Image Repair

1. 引言

维持正面形象不仅对个人重要，对企业也同样重要。公共关系专家Englehart(1995)认为除了资产价值外，企业的价值全来自其形象价值。如果企业涉及了某项令公众感到不悦的恶行或危机(Crisis)，其形象价值

* 作者简介：刘国华，上海外国语大学国际工商管理学院公共关系学系副教授，博士。

可能在危机发生的那一瞬间荡然无存。

三鹿奶粉被检出三聚氰胺后，事件受到了空前的关注。更令人震惊的是继此之后，其他一些奶制品企业的产品也被检出三聚氰胺成分，国产乳品企业几乎全部受到牵涉。像蒙牛、伊利、光明虽然出问题的产品比例并不高，但是其在消费者心目中的企业形象一落千丈，面临着“死亡”的危险。因此，在危机情境中如何重塑企业的良好形象是目前学术界和企业界都关心的重要课题。

全国奶制品危机似乎已经过去，但企业的风险管理和危机管理等一系列问题仍然值得反思。尽管诸多行业的本土品牌都不同程度地受到国际品牌的强烈冲击，但中国乳业在大局势上仍保持着本土品牌的牢牢掌握。危机发生时，如果企业能正确面对，妥善处理，不仅能化解危机，甚至还能将其转化成商机。此次危机事件的处理不仅关系着各个乳品企业，更是中国品牌的大事。战场上没有常胜的将军，商场中也没有永远一帆风顺的企业，任何一个企业都有遭遇危机的可能。尽管我们强调，在源头防止问题的发生是公关问题处理的最高原则。但是如何在发生危机之后，帮助企业顺利度过危机，修复企业形象，甚至反败为胜，对于任何一个企业来说都至关重要。

2. 企业形象的本质及其创建模式

英文 Image，除了可以翻译成“形象”外，还可以翻译成“印象”“图像”“映像”“意象”。值得注意的是，Image 的形容词 Imaginary 具有“想象的”“虚构的”意义，为 Real、Actual 的反义字。因此，国外企业形象学者也常常对形象一词是否可真正代表企业自身持怀疑的态度（Gosti & Wilson，2001；Wei，2002）。简单来讲，形象是受众对其所接收到的客观信息的主观简化认知，并进而影响态度行为。这里的客观信息可能是指品牌、企业、组织、产品、职业、政治人物、国家等，包含面很广。据此，我们可以对企业形象（Corporate Image）下一个简单的定义，即企业形象是公众在脑中对通过各种渠道接受到的企业信息的主观认知。因此本质上，企业形象就是公众对企业的一种主观简化的整体认识。企业形象的形成往往由公众决定，而非由企业本身（Moffitt，1994）。要塑造企业良好的形象，首先要在企业提供给受众的信息上做好准备。

早期 Kennedy（1977）认为企业形象是公司经理人与员工对组织的认知与观感，再向外透过人际传播给外部公众，但后续的学者则多认为企业形象是不同公众自各的看待（Stuart，1999）。在更具体的讨论上，Gray &

Smeltzer(1985)指出了公众的差别。不同公众或利益关系人对公司所抱持的感知,隐含了企业形象不是同质的对企业的一致观感,而是不同公众间对于某企业形象在认知上可能会有所差异。

Alvesson(1998)则提到了简单印象或者快照(Snapshot)的概念,即个人对某企业的形象感觉实际上是在心中简化过的,而非仔细记得企业的各方面细节并予以深思分析。Gray and Balmer(1998)亦曾表示企业形象是当顾客听到公司的名称或其商标时,心中立即出现的画面,是受众所留下的记忆。

另外,还有很多学者如 Alvesson(1998)等均在探讨企业形象时提到了"整体"一词,均倾向于将企业形象看成一个整体,即个人对某企业的形象实际上是在心中的总体认知。当然,企业形象还会受到个体的内在素质、生活经验、企业传播、口碑与其他因素的互动效果的影响。企业形象是可能会变动的,并非持久不变。

尽管很多学者已经认识到企业形象的建立应该从公众角度开始,但是大部分研究者所构建的企业形象基本模式还是从企业的角度探讨的,亦即以企业如何推动企业形象为主(Cornelissen, 2000)。

以企业自身为出发点的企业形象创建模式通常由企业形象管理(Corporate Image Management)或企业识别管理(Corporate Identity Management)理论来探讨,企业以传播沟通为重点,透过自身企业文化,进而具体以企业识别规范员工行为,并对外分离竞争对手、传达给外部公众以建立企业形象。根据 Kennedy(1977)的说法,认为公司的企业形象传达是两阶段的,透过内部员工传达企业识别至外部大众,进而形成企业形象。Stuart(1999)则整合了先前这些研究者的各种概念,认为企业形象管理必须透过各种不同的传播沟通方式以达到其目的,良好的企业形象将进一步获得良好的企业声誉、企业绩效与商业成功。同年,Balmer与 Gray(1999)明确指出了有十种环境力量(Environmental Force)会影响企业形象管理的推动,它们分别是:产品生命周期的缩短、撤销管制规定、国营企业民营化、公共部门与非营利部门加入竞争、全球化与加入自由贸易区、企业合并或收购、高素质员工的不足、公众对企业社会责任的期待、组织内部与外部利益相关者界线的模糊等。

相比较以企业自身为出发点的企业形象创建模式,近年来越来越多的学者倾向于以公众为出发点的创建模式,以凸显企业形象并非企业单方面推动,而是公众在环境中复杂的互动所形成的。为此,英国利兹大学商学院(Leeds University Business School) 营销系的 Cornelissen 教授在

2000 年建构了一个以多元信息来源的互动企业形象模式，以凸显受众自身认知的重要性，强调认知的自主性与差异性，如图 1 所示。

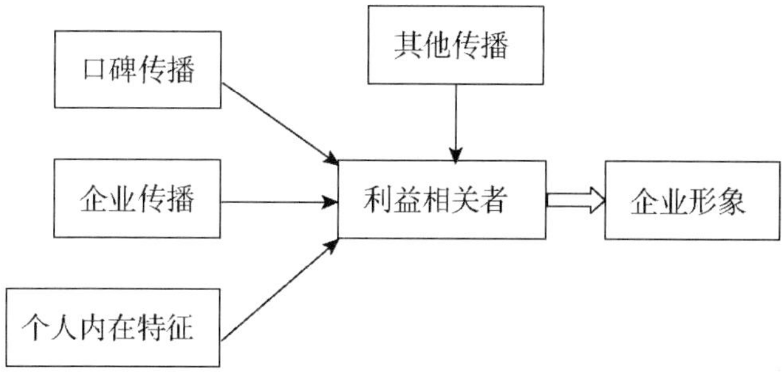

图 1 Cronelissen 的企业形象模式

资料来源：Cronelissen (2000). Corperate image: An audience-centered model.

此模式要强调的是，对于信息的印象应被看成是互动且持续的过程。当不同的信息传达出来后企业形象就会形成。此模式也强调利益相关者的个人特性及他们对于企业形象所持有的独特性。Cornelissen 教授强调，传统以企业为中心的形象模式并非错误或无用的，只是更需要去考虑到公众的感受，并考虑与利益相关者的互动。

由 Newman(1953)早期将企业形象与个人特质做比较便可得知，企业可以拟人化。企业可以被消费者看作是一个有生命的主体，拥有自己的人格特质。例如 Spector(1960)根据 Osgood(1957)与 Gunther(1959)的研究，就以 45 个有关个性的形容词作为变量，对企业形象进行了量化调查。

3. 企业可能面临的危机情境

企业面临的危机情境可能是各种各样的，处理方式也不尽相同。一般来讲，我们可以从客观和主观两个层面对危机情境进行分类。

就客观层面而言，根据 Sturges(1994)的研究，危机情境是由三个维度所共同建构出来的，即危机的重要性、危机的迫切性、危机的不确定性。

就主观层面而言，Coombs 在 1995 年进行了研究。他认为危机实际上是一种社会大众对于危机的感知，并且认为危机情境会根据人对于危机的归因情况而定。若是危机发生的可控制性较低，那么外界对于组织的责任要求也较低，对于该组织造成的企业形象伤害也越小。与 Sturges(1994)不同，Coombs(1995)用四个维度来界定危机情境，即危机种类、证据的真实性、危机伤害程度、以及企业过去的表现，并且认为这四个维度都会影响大众对于危机责任的归因结果。

在危机种类维度上，“内在—外在”、“故意—非故意”两个变量把危机分为四种危机情境：过失、意外、恐怖主义、违法行为(见表1)。

表1 Coombs的危机种类

危机种类	故意	非故意
内在	违法行为	意外
外在	恐怖主义	过失

资料来源：Coombs, W. T. (1995). Choosing the right words: The development of guidelines for selection of the "appropriate" crisis-response strategies. *Management Communication Quarterly*, 8(4), 447—476.

Bradford & Garrett(1995)在研究情境与策略之间的关系时，将危机情境划分为四类：

犯错情境：没有证据可以证明被指责的对象犯错。

控制情境：有证据显示受控者犯错，但是无法证明是否为指责对象能控制的情况。

标准情境：证据显示受控者确实犯错，同时也是在自己应控制的范围内，但是评估的标准是有问题的。

同意情境：证据显示受控者的确犯了错，同时也是在自己可以控制的范围内，评估的标准也十分恰当。

1999年，Coombs在整理关于危机的著作时，指出有下列九种危机种类：天然灾害、恶意、技术失败、人为的疏忽、挑战、重大伤害、组织的不当行为、职场暴力、谣言。他以危机责任为分类方式，将上述九种危机再分成五类，包括谣言、天灾、恶意中伤、偶发意外(技术障碍、质疑挑衅、工作场所的暴力和巨大损害)与不正当行为(公司的不当行为或人为疏忽)。

4. 危机情境下的形象修复策略

关于企业形象的修复策略，最早由Ware及Linkugel(1973)提出的四个辩解(Apologia)类型开始发展，他们认为人在自我辩解时通常会采用四种策略：否认、强调正面、区别化以及超越。而Schultz及Seeger(1991)则进一步将Ware及Linkugel的分类从个人扩大使用至非个人层面上。Benoit及其研究同伴(Benoit & Brinson, 1994; Benoit, 1995, 1997)进一步延伸Ware & Linkugel的概念，逐渐发展出一套涵盖性较广、更有系统性的形象修复策略。

企业形象修复主要关注在企业做错事或者发生危机之后，将采取某种或者多种策略以减少其形象的损害。在讨论使用何种策略之前，必须把握两个基本前提。首先，注意沟通环节。沟通是一种以目标为导向的活动，所有沟通的目标都是为使听者产生好感，或者使听者信服。其次，沟通的关键目标在于维持企业受欢迎的形象，当企业的形象受到损害，形象修复策略便可为其辩护。此外，选择使用何种策略之前，也必须了解对方攻击的本质，确认对企业不利的事件，依据重要利益相关者塑造有利的形象，进而决定处理的先后顺序。

综合各位主要学者的观点，我们提出以下在危机情境中可供企业选择的企业形象修复策略：

(1)若危机事件发生的原因是出于谣言等因素，企业应该采取“否认”的策略。

企业希望通过适当的言论表明市场上发生的恶行与他无关，直接陈述该行为并未发生。否认的具体策略，一是单纯否认(Simply Deny)，即企业单纯地表示并未做过某事；二是指出犯错的主体，即企业除了表示未做过某事外，更直接指出是谁做了某事，以便转移社会大众的注意焦点。

(2)承认错误、承担责任并要求原谅。

该策略是指企业承认外界的相关指控，愿意负起责任并道歉，祈求原谅，并有改正错误的计划。以 Benoit 及 Brinson(1994)针对 AT&T 危机所做的研究为例，他们发现 AT&T 之所以形象修复成功，主要就是在于他们不仅马上向公众道歉，还表示他们已经进行了紧急的处理，并做了彻底的检查，将来还准备投入上亿美元的资金对设备进行改进。

(3)调强企业正面形象，转移外界注意力，降低攻击强度。

当企业在无法否认被指责行为的情形下，为了降低外界的攻击与负面形象，可以运用强调正面策略，找出过去优良的表现，借着正面形象减轻外界的负面感受。具体来说，可以考虑以下策略：①强调企业过去的正面形象或是优良表现，以降低攻击，应用于强化事实、情感、事物或关系存在的各种辩解策略，并尝试让企业和指责方的喜好观点一致。②将受指责的行为所造成的伤害淡化，表示事情并非外界所描述的那么严重。③企业将某些被质疑的事实，从目标受众目前关注的某个较大的环境中分离出来，强调应以不同于常态的价值标准来评估特定的情境。④企业不谈论受指责行为本身，而是企图从较高层次或较有利的一面去讨论问题，从有嫌疑的不当行为中，提升到另一个更高的境界。⑤反击指责者的动机,以降低可信度,使得原本受到争议或指控的焦点消失或变得模糊,进而达到修复受控者形象的目的。⑥给予补偿,即对受害者进行补偿。目前我国企业大多采取了这种方式,如在三聚氰胺事件后光明、伊利、蒙牛等企业发表的声明中提到了愿意为受到伤害的家庭提供补偿。

(4)向外界承诺修正自己过去的行为。

此策略是向目标公众承认自己所犯的错误,保证下次不会再犯,向目标公众恳请再给予一次改过自新机会的策略。此时企业可能有两个选择,一是恢复到原有状态(Restoring the Situation),即没有发生危机隐患前的情况;二是承诺不会让同样的错误再犯。企业需要确切地指出危机发生的原因,并许诺未来不会再发生。Sellnow, Ulmer 及 Snider(1998)在研究中提到了一个值得学习的例子,Schwan's 冰淇淋公司在遇到危机一开始,就投入了大笔的金额治疗消费者,两周之后,州相关机构甚至配合 Schwan's 冰淇淋公司的职员,积极寻找食物中毒的源头,发现原来是提供生鸡蛋原料的另一家公司所致。

(5)合理地分解责任行为。

此策略会发生于当企业无法否认受指责行为时,企图将行为的责任进行分解,以将责任转移或减轻罪责。具体来说,有以下几种情形:①的确受指责行为的产生主要是为了响应之前别人的行为而产生,所以事情的责任并不在于自己。这时应该指出主要责任方。②当受指责的行为是因为企业缺乏某项信息,或是因为没有能力去实践而产生,以此方式将可转移、减轻责任。③纯属意外,即企业表示受指责的行为的发生主要是企业无法预期或不可控制的偶发因素所造成,如此可将责任推于意外因素,可减轻受指控者的责任。如果可以说服社会大众,此事件的发生纯属意外,则企业所担负的责任可减少,对于形象的伤害也相对较轻微。④因为企业善良的动机导致了不良的结果,即企业表示其危害行为的产生是出于善意,强调行为者的原意是好的,并非故意造成。

总结起来,企业形象修复就是要做到:如果有错,最好尽快认错;如果没做,否认是有效的策略;如果能够推给与自己无关的人,而且能指出理由证明他方确应负责,则推给他方将是有效的;确保恶行不再重演的修正策略对修复形象相当重要。

5. 结语

任何一个企业都不可能完全避免危机事件的发生。但是一旦发生之后,企业形象就会受到严重的影响。企业在危机事件发生的初期,往往是承受最多指控的阶段。当事件发生、记者前来采访、家属致电询问时，企业必须要掌握足够的信息以回应公众，不能以不知道作为答复。第一线与公众接触的人的回应内容将会直接建立公众对企业的形象认知，非常关键。不能让不了解状况的职员随便响应，应该统一对外窗口，组织一个应变小组，负责所有对外联络，让小组内的所有成员都能掌握最实时的信息，并区分职责，例如分为接听电话、媒体发言、回应访问、安抚家属等。

危机处理时，企业应该确立一贯的立场，让各层级人员对事件的处理同调，并且各种危机处理行动能确实符合形象修复策略的本意。例如刊登道歉启事的目的是道歉，应该反映出诚恳认错的态度。赔偿金的目的在于安抚，不应该在协商过程中与家属讨价还价。若是执行策略的手段不符合策略的本意，就流于为了修复而修复，无法达到修复形象的效果。公众对于真情流露的表现往往更能认同。也许不能取得受害人的原谅，但是真诚、恳切的态度能在一般大众心中建立正面的形象。

此外，还要根据受到伤害的不同制定形象修复策略，将公众做区分，针对不同的对象应该设定不同形象修复目标。甚至在策略拟定时，也应该考虑到不同对象的特性而区别对待。

企业在危机情境下采取了适当的形象修复策略后，后期也应该对其成效做出评估。可以考虑分别从媒体评价、听众反应、自我测试等方面进行。

值得注意的是，企业如果采取的策略不当，或者情境不对，企业的形象修复行为不仅不能修复形象，其行动甚至激怒大众。淡化伤害的策略虽然有时能用，但当伤害对公众而言十分明显时，将产生反效果。企业同时运用多项策略可能增强效果，但也可能彼此冲突。形象修复策略并不能奇迹式地解决所有问题，当言者的行动与其抵触时，它也将丧失效力。

最后，我们还要特别指出的是，任何危机事件的发生都是因为隐患的存在。只有真正在源头把危机发生的可能性降低才是企业处理危机事件的最高境界。否则等到事情发生之后，不管企业采取的修复策略多么高明，要想完全回复到原来的状态也是相当困难的。

参考文献

Bradford, J. L. & Garrett, D. G. 1995. The effectiveness of corporate communicative responses to accusations of unethical behavior. Journal of Business Ethics, (14):875—892.

Alvesson, M. 1998. The business concept as a symbol. International Studies of Management and Organistation, 28(3):86—108.

Balmer, M. T. & Gray R. E. 1999. Corporate identity and corporate communication: creating a competitive advantage. Corporate Communications: An International Journal, 4(4):171—176.

Benoit, W. L. & Brinson, S. L. 1994. AT & T: Apologies are not enough. Communication Quarterly, 42:75—88.

Benoit, W. L. 1995. Sears' repair of its auto service image: Image restoration discourse in the corporate sector. Communication Studies, 46:89—105.

Benoit, W. L. 1997. Hugh Grant's image restoration discourse: An actor apologizes. Communication Quarterly, 45:251—267.

Bradford, J. L. & Garrett, D. G. 1995. The effectiveness of corporate communicative responses to accusations of unethical behavior. Journal of Business Ethics, 14:875—892.

Cornelissen, J. 2000. Corperate image: An audience-centered model. Corporate Communications: An International Journal, 5(2):119—125.

Coombs, W. T. 1995. The development of guidelines for the selection of the "appropriate" crisis response strategies. Management Communication Quarterly, 4: 447—476.

Coombs, W. T. 1999. Ongoing crisis communication. London: Sage.

Coombs, W. T. 2000. An empirical analysis of image restoration: Texaco's racism crisis. Journal of Public Relations Research, 12(2): 163—179.

Gosti, M. & Wilson, A. M. 2001. Corporate reputation: seeking a definition. Corporate Communications: An International Journal, 6(1):24—30.

Kennedy, S. H. 1977. Nurturing corporate images. European Journal of Marketing, 11(3):120—164.

Moffitt, M. A. 1994. A cultural studies perspective toward understanding corporate image: a case study of state farm insurance. Journal of Public Relations Research, 6(1):41—66.

Newman, W. H. 1953. Basic objectives which shape the character of a company. Journal of Business, 26:211—223.

Spector, A. J. 1961. Basic dimensions of the corporate image. Journal of Marketing, 25: 47—51.

Stuart, H. 1999. Toward a definitive model of the corporate identity management process. Public Relations Review.

Stuart, H. 1999. Towards a definitive model of the corporate identity management process. Corporate Communications: An International Journal, 4(1): 200—207. Marketing News, 3. 3:14—15.

Sturges, D. L. 1994. Communicating through crisis: A strategy for organizational survival. Management Communication Quarterly, 7:297—316.

Ware, B. L. & Linkugel, W. A. 1973. They spoke in defense of themselves: On the genetic criticism of apologia. Quarterly Journal of Speech, 59:273—283.

Wei, Y. K. 2002. Corporate image as collective ethos: a poststructuralist approach. Corporate Communications: An International Journal, 7(4): 269—276.

A General Introduction to PR Development in China from 2006 to 2010

JI Huaqiang HU Jie FAN Zheng WU Youfu *

Abstract This report takes the five years of 2006—2010 as a period for observation, goes over the most significant PR events during the five-year period, makes a summary of the history of PR development, and conducts an analysis on the course of PR development. It presents an analysis of 10 areas of development, namely government PR, business corporation PR, non-governmental and NGO PR, specialized PR companies, PR associations, PR media, PR research, PR education, crisis PR, and international PR. Great efforts are made to explore new problems, features and trends of this period and their impact on the future development of China's PR industry.

Key words China; PR Industry; Development; Features; Trends; 2006—2010

1. Introduction

With the reform and opening policy, the public relations industry in China, starting from nothing, has braved 30 years trials and hardships, and stepped into a period of flourishing development. Looking back at the process, especially in the five years from 2006 to 2010, China's PR industry stepped into a phase of fast development. The main themes of this development were the building of national image, the improvement of soft power, and public crisis management, the most salient feature of which was the rapid development of China's government public rela-

* Author Brief Introduction: JI Hua-qiang, professor of Shanghai International Studies University; HU jie, Lecturer of Shanghai International Studies University; FAN Zheng, professor of Shanghai International Studies University; WU You-fu, professor of Shanghai International Studies University.

tions. We find its experience and lessons worth attention.

As for a review of researches on Chinese PR development, the following publications are major achievements resulted from studies on the development of Public Relations industry in China.

(1) Analysis of the current status from a historical perspective: "Development of the PR Market in China" by Huiming Guo (1995); "Public Relations: from the Age of Romance to that of Plan "by Youfu Wu (1997); "The Present and Prospect of PR in China" by Yannong Zheng (2002); "PR in China: Past and Future" by Chunhui He (2002); "A Report on the Development of Public Relations in China (2005—2006)" by Jian Meng and Huaqiang Ji (2006); "Public Relations in China" by Mingyang Yu(2007) In early 2008, SISU published Public Relations in China (1986—2006) by Yuofu Wu.

(2) Sampling reports on PR firms and departments of enterprises from a PR perspective: "PR in China: Development in Specialized Fields" by Ni Chen (1996), based on surveys in Guangzhou, Shanghai, Beijing and Nanjing; "A Survey Report on the PR Industry in China" by China International Public Relation Association (1998—2011), based on surveys in Beijing, Shanghai, Guangzhou, and Shenzhen etc; "A Survey Report on the PR Industry in Shanghai" by Youfu Wu (2002), and by Xiaping Ding (2004); PR in China from the point of view of marketing and sales in the chapter of "A Report on the Development of Marketing and Sales in China" by Ganglin Zhao (2005); "A Survey Report on the Public Relations Industry in China" by Xiaohua Qi (2006).

(3) General review of PR education and researches: "On Theories of Public Relations in Mainland China" by Huaqiang Ji (2005); "An Empirical Study on Researches of Public Relations in China in the Past Ten Years "by Xianhong Chen (2005);"Public Relations Education in the People's Republic of China" by Ni Chen (2006); "White Paper of 20-Year PR Education in China" by the Academic Board of CIPRA, Editor in Chief: Huaqiang Ji (2006).

On the basis of this study, we continue to study the Public Relations development in China from 2006 to 2010. This report takes the five years of 2006—2010 as a period for observation. The report is mainly based on literature researches, and supplementary research approaches, such as case analysis and quantitative analysis are also employed. The report focuses on both the history and the logic of public relations in China, and the essential elements of the PR industry. The report goes over the most significant and noteworthy PR events during the five-year period, presents a panoramic perspective of organization, public, media, method, etc. Chinese PR studies in 10 areas during this period, makes a summary of the history of PR development, conducts an analysis on the course of PR development. Great efforts are made to explore new problems, features and tendencies of this period and their impact on the future development of China's PR industry. This paper is a general introduction and shares the study conclusions of the PR development in China from 2006—2010.

1.1 A review of PR development in China from 2006 to 2010

In Shenzhen, a city that took the lead to implement the Reform and Opening-up Policy, a PR office was set up under the General Office of the Municipal Government; in Shanghai, an international symposium was held on Shanghai's metropolitan brand image. Starting with these events, China's PR industry stepped into a phase of fast development. The main themes of this development were the building of national image, the improvement of soft power, and public crises management, the most salient feature of which was the rapid development of China's government public relations.

1.2 The course of PR development in China from 2006 to 2010

During the five-year period, the year 2006 is a relatively quiet period; nevertheless, food and drug safety problems, product quality problems and made-in-China problems began to have a negative impact on the image of the state.

In 2007, China's PR industry obtained extensive recognition and respect around the world. China International Public Relations Association was granted with United Nations Special Consultative Status in Economic and Social Council, which means that China's PR industry entered into an official collaborative relationship with the United Nations and received extensive respect and recognition from the global community.

The year 2008 is undoubtedly a climax of PR development during the five-year period, and would be a year not to be neglected in China's PR history. Beijing Olympic Games, snowstorms in southern provinces, Wenchuan Earthquake, the "Melamine Scandal", and the 18th IPRA World Congress in Beijing. These events all took place in 2008, an eventful year that attracted maximum public attention.

The year 2009 kept riding on the trend of 2008 and witnessed a series of big events and activities, which significantly enhanced the image and the soft power of the state.

In 2010, the comprehensive and active efforts to build national image culminated in Shanghai World Expo.

1.3 The changes in the themes of PR studies in China from 2006 to 2010

Development may also be revealed from the changes in the themes of various PR symposiums held during the five-year period. In January 2007, "Forum on Building China's International Image & Brand" was held in SISU. In the same month, "High-level Forum on China Soft Power Construction and PR Development" was held in Beijing, with International PR Research Center of Fudan University and China International Public Relations Association (CIPRA) acting as its main sponsors and Amway (China) Co. Ltd. acting as its assistant sponsor. In June, the 3rd Metropolitan Image Forum, which was directed by Shanghai Expo Affair Coordination Bureau and the Cooperation and Communication Office of Shanghai Municipal Government and sponsored by Donghua University, was held in Shanghai under the theme of "World Expo and Urban Cultural Image". In October, "Symposium on Made-in-China and National Image Public Relations" was held in Beijing with CIPRA as sponsor. In December, "Seminar on Soft Power, International Responsibilities and Foreign Strategies" was held in SISU.

In November 2008, "2008 Shanghai PR Forum" was held in SISU under the theme of "Current conditions and future prospects of public crisis management". In June 2009, "2009 China PR Forum" co-sponsored by China Public Relations Association (CPRA) and School of Journalism and Communication of Tsinghua University was held under the theme of "Harmonious Communication and Scientific Development in the Context of Global Financial Crisis". In September 2010, International Forum on China Public Diplomacy & 3rd Diplomat Forum" sponsored by Research Center for Public Diplomacy of Beijing Foreign Studies University (BFSU) was held in Beijing.

As we look back on the agenda of the above-mentioned symposiums, we find that during the five-year period, pubic focus in respect of PR researches shifted from brand buildup issues such as national brand image, urban image and made-in-China issues to more specific issues such as state soft power, public crisis and public diplomacy etc. If we make a further classification of these issues, we would find that compared with the past, the two areas that received most intensive attention from PR academia and PR industry during the five-year period were definitely state PR and public crisis PR.

1.4 The 10 areas of PR development in China from 2006 to 2010

Developments in the five years can be summarized into 10 areas, namely government PR, business corporation PR, non-governmental and NGO PR, specialized PR companies, PR associations, PR media, PR research, and PR education, crisis PR and international PR. Each will be dealt with in a separate chapter, and the key points of each chapter are listed below.

(1) Public relations practices of the Chinese government

The SARS epidemic prompted the central government and municipal governments of different levels to consider the significance of public relations. Trainings and further study programs were held by municipal governments of different levels to enhance theoretical knowledge and practical skills in respect of public relations. As a consequence, Public Relations of the Chinese government were developing toward a more open, transparent and timely direction. During 2006—2010, municipal governments of different levels adhered to the guidelines of "Scientific Development Concept" and "Building a Harmonious Society", made great efforts to implement open administration, enhance the public's right to know and the right to speak, and set up a preliminary national news spokesman system; meanwhile, municipal governments of different levels began to adopt a service-orientation in daily administrative operation and improvements were made to the way administrative tasks were performed. Remarkable achievements were also made in respect of soft power and the building of urban image and national image. The central government and municipal governments of different levels made a series of strategic decisions and took a positive attitude to curbing corruptive practices, set up a national innovation system, aiming at national growth through science and educations. Efforts were made to ensure public welfare and find solutions to major catastrophes and crisis, which all pointed to a gradually strengthened PR awareness, a constantly deepened PR understanding, and continuously improving PR abilities on the part of the governments.

(2) Public Relations and brand image of the Chinese companies

From 2006 to 2010, many major events occurred in relation to Public Relations and brand images of Chinese companies. Concurring with numerous promising phenomena were a multitude of brand crises, some of which directly resulted in the complete destruction of corporate brand images. For the first thing, a large number of revealing messages were posted on the internet during these five years, e. g. the "Melamine Incident" and the "Foxconn Incident". As the new generation took advantage of the internet to propel a revolution of transparency, business corporations became stripped and naked in this age.

Secondly, during the five years, destructive competitions were staged incessantly among different corporations. For instance, Gome vs. Suning, Mengniu vs. Yili, 360 vs. QQ. As regards brand awareness, numerous corporate brand right protection cases arose during the five years, and Chinese companies' brand awareness was reinforced after a series of law suits. In addition, many branded companies went public during this period, among which were both time-honored companies such as Quanjude and newly established companies such as Alibaba. In respect of government support, both the state government and municipal governments stepped up their support for corporate brands during these years, and allocated special fund to support cultivation of proprietary brands.

(3) Non-government organizations and non-profit organizations PR

As measured by internet exposure, public attention on NGO increased significantly since 2006. In respect of cooperation with business corporations, the 2008 Wenchuan Earthquake was a dividing line, after which non-government organizations and non-profit organizations began to show up on a wide range of occasions and carry out frequent cooperation with business corporations. In respect of public credibility, the social credibility of China's non-government organizations and non-profit organizations still called for further improvement. In respect of PR awareness, we find a remarkable improvement in PR awareness on the part of many organizations during the recent five years. Many organizations even set out to establish their own PR department and PR positions. Nevertheless, commercial elements were still too strong in the activities organized by non-government organizations and non-profit organizations, which drove up the administration expense of non-profit organizations or even charity institutions. Besides, due to limited funds, non-profit organizations usually carried out their activities by relatively economical and cost-effective means, such as posters and flyers.

(4) PR companies in China

Both Chinese PR companies and the whole PR industry enjoyed a satisfactory annual growth rate of 28 per cent during these five years. By the end of 2010, there were already nearly 5,000 PR companies in China, making a total turnover of RMB 21 billion. Corporate and market communications services offered to fast moving consumer goods, motor, medical and health, and IT industries etc. continued to rank high in PR companies' service portfolios. Meanwhile, markets such as culture and sports, finance and real estate demonstrated huge growth potential. Talents, innovation and management became the primary agenda of the PR industry. The growth of PR companies and the PR industry during the five years displayed the following features: globalization, diversity, rapid growth of new media, setup of a sound industry qualification system, online PR and the rising of financial PR companies.

(5) PR associations in China

During the five years, major Public Relations associations, such as Shanghai Public Relations Association (SPRA), China Public Relations Association (CPRA) and China International Public Relations Association (CIPRA), after another round of election, took advantage of their respective strengths, fully exploited their respective resources and geographic features, and promoted the rapid growth of PR industry in China. CIPRA also sponsored the Global PR Congress in Beijing.

(6) PR methods, tools and media

During 2006—2010 period, PR methods, tools and media underwent remarkable development. Following the emergence and wide application of new media in people's daily life, communication means available in new media have been fully exploited as PR methods and tools with no exception. What is particularly worth noting is that online PR, as represented by micro blog, gradually became one of the primary PR methods and tools. Along with the boom of new media, PR methods displayed an increasingly diversified trend, and event marketing, as one of the PR methods, was playing an increasingly significant role. Another feature is that media and intermediaries are giving attention to Public Relations of their own image.

(7) PR researches in China

PR symposium agenda focused on two primary areas, national PR and public crisis. PR researches were playing an increasingly significant role in major domestic affairs. PR researches during the five-year period dealt with major issues that arose in the public arena, and displayed the following basic characteristics: proximity to the frontline of events, alignment with national circumstances, independence and innovation. Dealing with a wider range of subjects and topics, PR research publications not only experienced a rapid increase in quantity but also a significant improvement in quality. Chinese scholars were almost simultaneous with their international peers in the exploration of the latest PR theories and subjects, such as state image, PR soft power, communication strategy consolidation, tactic communication strategies, strategic PR management, PR and brand value creation. As China's international influence had been improving, PR researches in mainland China also entered a new phase of development featuring "innovation and fast pace".

(8) PR education in China

PR education in China enjoyed rapid progress during the five years. The number of bachelor-level PR programs increased from 5 to 16, and the enrolment increased from 300 to 1000 per year, displaying a rapid growth tendency. An increasing number of bachelor-level PR programs were provided under the management discipline, 6 among the 11 new PR programs were provided under the management discipline. In other words, over half of the new PR programs were provided under the management discipline. Management discipline has come to constitute the primary discipline which PR programs fall under, showing that PR education in China was developing toward the senior PR strategic management.

After 2006 an increasing number of master-level and doctor-level PR programs were also provided under disciplines other than management, revealing the intense competition among higher education institutions for better opportunities in respect of PR educations at these levels. The implementation of international PR vocational certification and of local training for PR practitioners signaled the coming of an era in PR vocational education which was aligned with the international practices under a completely open PR market.

(9) Crisis PR management in China during 2006—2010

During the past five years, a large number of crises, such as government officials' collusion with coal mine owners, environmental pollution, and a series of public food safety problems, occurred not only to for-profit organizations, but also to non-profit organizations and government departments. These crises involved both international brands and domestic companies, and affected both the social environment and the market environment. Numerous incidents and crises not only made news headlines of various traditional and online media but also grabbed the attention of the general public. As compared with previous times, crises that occurred during the past five years displayed some noticeable changes. For one example, the unprecedented tension between private enterprises and the public, and for another, the negative impact of frequent public crises on government image started to be felt.

(10) China's international Public Relations

From 2006 to 2010, great progress was made in respect of international Public Relations both by the government and by corporations. The release of 2008 Beijing Olympic promotion film series, 2009 image advertisement "Made in China" which was broadcast overseas and 2010 state image advertisement, signaled the advent of a national Public Relations era for China. Although Chinese companies embraced both successes and failures in their overseas investment and merger attempts, nothing could change their firm determination to go global; Geely's successful merger of Volvo was a case in point. Meanwhile, the success of two high-profile events, Beijing Olympic Game and Shanghai Expo, demonstrated a modern and open China to the world. China's international PR stepped into a new phase upon the end of these two grand events.

2. Main features of PR development in China from 2006 to 2010

2.1 Comprehensive and active construction of national and governmental image

The success of "2007 Special Olympics World Summer Games" in Shanghai and the success of the "29th Summer Olympic Games" held in Beijing in 2008 displayed the Chinese people's friendliness, peacefulness and enthusiasm to the entire world community, announced China's determination to adopt a peaceful and harmonious growth approach, promoted the communication between China and the other countries in the world, and helped China establish a sound image in the global community. In 2009, a grand military parade was held on Tiananmen Square on the 60th anniversary of the People's Republic of China. This was the largest panoramic display of equipments of the Chinese army ever since the establishment of PRC. The 2010 Shanghai Expo, drawing the attention of the whole world, greatly contributed to China's national image and international relations. Government public relations were pushed to a climax by these three consecutive high-profile grand events. In 2010, the 16th Asian Games and the 10th Asian Para Games were held in Guangzhou. Guangzhou Asian Games became another mark of China's rising international influence. During the five-year period, large events became the most significant and the most powerful tool that China enthusiastically employed to display its multi-dimensional national image and government image to the whole community.

The National Image Promotion Film, sponsored by the Information Office of the State Council and produced by Lintas Advertisement, started its shooting in Beijing in July 2010. On September 8, the official news website of the Chinese Communist Party, www. people. com, launched BBS service "Direct Link to Zhongnanhai". This message board was designed as a channel for internet users to communicate their views to central government officials and make suggestions and proposals to state ministries and commissions. The above government PR measures further proved that an era marked with more enthusiastic and active government PR initiatives had arrived.

During this five-year period, China was committed to building a prosperous, soundly operating and responsible image of a big nation as never before. The Chinese government not only delivered more sophisticated performances in respect of economy and diplomacy, but also paid more attention to the buildup and demonstration of soft power. The Chinese government was heading toward the remolding of a large nation's image with unprecedented firm steps.

2.2 Professionalism recognized by domestic and international communities

The five years from 2006 to 2010 witnessed not only an annual growth of 28% of professional PR companies, but also a wider domestic and international recognition of their professionalism.

In June 2007, Burson-Marsteller was awarded 2007 Best International PR Company by the prestigious PR publication, *Holmes Report*. In August, Across China Communication Group was awarded Top 10 Outstanding Brand Organization in China, and Ms. Hersey Cao, the group president, was awarded the Brand China Golden Score Prize and the Top 100 Outstanding Brand Specialist. In August, BlueFocus PR Consulting ranked 75th in the 2007 Global Leading Company Report issued by Holmes, the U. S. prestigious PR consulting institute. In November, the large public welfare event "Building for Tomorrow", which was jointly planned by Insight PR and CapitaLand, was awarded Asia Company Social Responsibility Award, the 2007 Asia Pacific PR Award. In August, China International PR Association was granted special consultative status of the United Nations Economic and Social Council, which means that China's PR industry entered into an official collaborative relationship with the United Nations and received extensive respect and recognition from the global community. Therefore, 2007 became a landmark year in China's PR development.

The 18th World PR Congress was successfully held in Beijing in November 2008. For the first time the PR industry's "Olympic Games" were held in China, which testified the increasing influence of China's

PR industry around the globe. In 2009, as China's PR industry continued to be recognized by the global community, Keypoint Communication Group was awarded Innovative National Benchmark PR Company; Enjoy Financial, an investor relationship management institute, was awarded the title of Best Finance PR Service; Text 100 was awarded 2009 Best Technical PR Consulting Company in Asia and was elected as one of the best employers; Eastwei MSL was awarded Best PR Company in China. China's PR industry received further recognition and respect in various professional service fields. In 2010, Beijing Bluefocus PR Consulting Group was officially listed on ChiNext, Shenzhen Stock Exchange and became the first listed PR company in mainland China, putting a satisfactory end to professional PR institutions' five-year growth period. The successful IPO of Bluefocus signified that professional PR firms in China entered into a new phase of growth, i. e. the public company phase.

2.3 Surviving frequent public crises

In May 2006, a public health crisis broke out because of Armillarisin A injections manufactured by Qiqihaer No. 2 Pharmaceutical Co. Ltd. In June 2006, the State Food and Drug Administration banned 7 types of injections, including Houttuynia Injection. In September 2006, a series of SK-II make-up products produced by Procter & Gamble were found to contain prohibited ingredients. Frequent social crises subjected the Chinese people into sudden fear and unrest.

In May 2007, massive blue-green algae were spotted in Taihu Lake near Wuxi city, sounding an alarm about the frequent major public crisis over the recent five-year period. Storms, snowstorms, and frost in southern provinces, the global financial crisis, violence in Lhasa, Tibet on March 14th, May 12th Wenchuan Earthquake, June 28th Wen'an Incident etc. A series of major public crises arose. In 2008, the nation and the government were confronted with an unprecedented challenge that was never seen ever since the establishment of the PRC. In April 2009, H1N1 influenza virus erupted in Mexico and spread to over 50 countries in the world. In July 5, 2009, violent conflicts arose in Urumqi. On April 14, 2010, a strong earthquake measuring 7.1 on the Richter Scale rocked Yushu, Qinghai Province. In the course of crisis management, the Chinese government and officials not only employed strategic planning resources but also took effective measures to alleviate the difficulties, displaying a strong ability to control the situation and to direct the affairs and demonstrating a high level of PR communication awareness and effective social coordination skills. Due to these efforts, they received extensive recognition and acclaim both from the public and from the international community.

2.4 Online social communication becoming major media of PR communication

Social network witnessed a rapid growth ever since its first appearance in China in 2005. *The* 2010 *Research Report on China Internet User Social Network Site Applications* released by Cnwnews. com showed that, up till December 2010, China's social network users had reached 235 million; and among them 150 million were active users. 51.4% of the Chinese Internet users were social network users. SNS-based brand communications and micro blog marketing became an alternative marketing approach adopted by many business corporations.

Micro blog, an interpersonal communication media based on mobile Internet, was growing at a surprisingly fast speed and brought about an amazingly large impact. The launch of Twitter in 2006 lent inspiration to domestic SNS industry players. In May 2007, Mr. Wang Xing, who had earned his first pot of gold from on-campus network business, set up fanfou. com and ushered in the micro blog era in China. In the subsequent four years, China's micro blog growth went through three phases, i. e. the induction phase, the slowdown phase and the development phase. In August 2009, Sina launched its Micro blog, which soon grew into the most influential micro blog website in China. The wide application of micro blog in China signified the arrival of a personal internet era.

Mobile media, also called the fifth media, refers to a new type of media based on personal mobile communication terminals. Nowadays, mobile TV has been extensively installed on buses and subways. Due to its wide coverage, fast response and strong mobility, mobile TV commercials have generated considerable economic benefits for business corporations. Mobile telephone media, such as mobile newspaper, mobile broadcasting and mobile television, have permeated into people's daily life and all aspects of social life. The rapid development of the Android intelligent system is another noteworthy development. As a result of its seamless integration with the Internet, the Android system has become the largest intelligent mobile phone system and has significantly promoted the growth of mobile media and enhanced mobile media integration. Attracted by the unique advantage of mobile media, China's press media, TV stations and broadcasting stations all raced out to take advantage of the emerging media during 2006 to 2010. Mobile media received extensive attention from the general public and the corporate world and has grown into a primary PR communication media.

2.5 Accelerated PR education development and significantly enhanced PR research

PR education in China enjoyed rapid progress during 2006—2010. The number of bachelor-level PR programs increased from 5 to 16, and the number of students enrolled in PR major increased from 300 to 1000 per year, displaying a rapid growth tendency. An increasing number of bachelor-level PR programs were provided under the management discipline. The management discipline constituted the primary discipline which PR programs fall under, showing that PR education in China was developing toward the direction of senior strategic PR management. After 2006 an increasing number of master-level and doctoral-level PR programs were also provided under disciplines other than management, which shows that higher education institutions were competing for better opportunities in respect of PR educations. The implementation of international PR vocational certification and of PR practitioners' local training signaled the coming of an era in PR vocational education which was aligned with the international practices under a completely open PR market.

Since 2005, PR research projects (for example, public crisis research, Olympic and Expo related PR researches) were sponsored by 985 Research Funds, Education Ministry Major Research Funds and National Social Sciences Major Research Funds, which shows that the level of PR-related researches has been significantly enhanced. China successfully held a number of senior level PR academic conferences such as the

World PR Congress, thus demonstrating an increasingly broadening influence of China's PR researches in the world. During this five-year period, PR research institutes were established in a large number of well-known universities, such as Renmin University of China, Tsinghua University, Fudan University, Sun Yet-san University, University of International Relations, Shanghai International Studies University, and Huazhong University of Science and Technology. Drawing on their rich PR research resources, these universities actively promoted China's PR researches and effectively supported the improvement of PR research quality.

2.6 Poor PR ethics due to lack of integrity and sense of social responsibility

After the out-break of a series of safety and health crises in China during 2006, the Information Office of the State Council issued a white paper on China's Food Quality and Safety in August 2007, which offered a comprehensive introduction of food production, food quality, food production supervision system, food production supervision efforts, food import and export supervision, food safety laws and regulations, food safety technical assurance system, food safety international communication and cooperation etc. On August 30, the Contingency Act of the People's Republic of China was enacted on the 29th Meeting of the Standing Committee of the 10th National People's Congress. This Act was implemented as from November 1, 2007. Despite of that, a string of food safety incidents including the nation-wide "Melamine Incident" broke up in 2008, which further aggravated the public's concern about food sanitation and public safety. The gravity of the crises jolted domestic media and drew intensive attention from the world community.

As evidenced by the exposure of the "South China Tiger Fraud", the occurrence of the "Air ticket return conflict" in Eastern Airline Yunnan Subsidiary, the public's suspicion over China Red Cross's improper management and use of charity funds during Wenchuan Earthquake, the rumors on "Guangyuan Orange Maggot", the abnormal death of a prisoner under the disguise of "hide-and-seek" in Yuxi, Yunnan, Shanghai police's sting operation in law enforcement, several Foxconn Group employees' jumping-offs, and the dispute between two client software producers, Qihoo 360 and QQ, the absence of good faith and the sense of social responsibility on the part of the society, organizations and individuals has became a PR ethical issue that draws public concern. It is predictable that this problem will be intensified in the future and will become a major issue that affects national growth, corporate development and China's PR industry's development, and therefore calls for prompt solution.

3. Major trends in PR development in China in the next 10 years

3.1 National and governmental image building becoming regular

Major government-sponsored events in the past five years and the government-supported promotional films shown in Times Square, New York unveiled a period of national and governmental image building. However, too many such activities may soon dull people's mind, and soon they will become less effective. Besides, such high-profile activities are very costly, and will therefore not be conducive to a positive governmental image.

In the next 10 years, national PR efforts will shift from the above grand events and "propaganda" advertising to a portfolio of other regular measures. Future PR activities in this aspect may be cosponsored by government and enterprises, and various social organizations will also be involved. They will be long term activities that heavily rely on news broadcasting, cultural exchange, trade relationship and other unofficial exchange activities.

3.2 Special PR companies growing larger in response to international competition and national "Going Abroad" strategy

To meet the demand of further economic development, China will employ many PR companies to guide Chinese enterprises to go abroad. International PR companies have already seen such a market and occupies a large share. After gaining international recognition, Chinese local PR companies have developed sufficient capability to compete with their overseas opponents. While helping enterprises to go global, these local PR companies may also develop into global companies.

Experiences from such companies as Trends Group can basically draw a roadmap for Chinese companies: one alternative is growing stronger through acquisition, merger and cooperation; the other alternative is exploring overseas market by giving full play to their own strengths in connections, communication and culture.

3.3 Lack of public health and security, integrity and social responsibility constituting primary crisis management challenges

Despite success in dealing with some public crises, China has not completely solved deep-rooted social problems that have caused these crises. Frequent crises will be one of the basic features of social life in the future, and crisis management will also be one of the primary functions of public management sector.

The most obvious crises in the next 10 years will be public health and security crises as well as crises arising from lack of integrity and social responsibility. Ability to deal with these two types of crisis will a become benchmark measuring China's ability in managing social crisis. People will realize that solution to this problem lies not only in better management mechanism, but also in improvement in people's morality.

3.4 Charming communication becoming key to media influence

As human society is entering an era of "public news" and "we-media", great change will take place in communication "ecology". Development in Internet will lead to fundamental change in the traditional "control" over information spreading and right to speech. This is a change that government and enterprises have to face. Due to this trend, PR will become more important in social organization management, and managing network-based new media communication will become a basic and most important function of enterprise and organization PR practices. As network-based interpersonal communication becomes the most important means of PR communication, capability in this respect will constitute key factors in winning public attention and media influence.

3.5 PR research taking a new direction, and bachelor PR programs seeing a sharp increase

Senior PR talents will be in short supply in the future. As PR has been formally included into discipline catalogue of the Ministry of Education, more universities will be encouraged to offer this program, and the program is to double in the next 10 years.

Image building on nation, government, and city levels, as well as crisis management will continue to draw interest from PR researchers. But researches concerning we-media and public news will become new hot spot. So is international PR for Chinese organizations and enterprises. Compared with researches in the past five years, independent researches on China PR will no longer stay with concrete issues (such as Olympics and World Expo); rather, it will focus on more fundamental theoretical problems in the field of PR, and breakthroughs are to be expected.

4. Conclusion

From 2006 to 2010, China's PR industry stepped into a phase of fast development. The main themes of this development were the building of national image, the improvement of soft power, and public crises management, the most salient feature of which was the rapid development of China's government public relations. In the next 10 years, national and governmental image building will become regular, special PR companies will grow larger in response to international competition and national "going abroad" strategy, PR research will take a new direction, and bachelor PR programs will see a sharp increase. As human society is entering an era of "public news" and "we-media", charming communication becoming key to media influence, lack of public health and security, integrity and social responsibility will constitute primary crisis management challenges, and will become a major issue that affects national growth, corporate development and China's PR industry's development and therefore calls for prompt solution.

References

Chen, Ni. Public relations education in the People's Republic of China. Journalism Educator, 14—22.

Chen, Ni. 1996. Public relations in China: The introduction and development of an occupational field. International Public Relations: A Comparative Analysis.

Chen, Xianhong. 2005. An empirical study on researches of public relations in China in the past ten years. Journal of Huazhong University of Science and Technology (Social Science Edition) (in Chinese).

Ding, Xiaping. 2004. A survey report on the PR Industry in Shanghai. Window of PR, (in Chinese).

Guo, Huiming. 1995. Development of the PR Market in China. A Report on PR,(in Chinese).

He, Chunhui. 2002. PR in China: Past and Future. China Media Report (in Chinese).

Ji, Huaqiang. 2005. On Theories of public relations in mainland China. PR Magazine, (in Chinese).

Ji, Huaqiang. 2007. White Paper of 20—Year PR Education in China. A Report on the Development of Public Relations in China (2005—2006). Shan Xi Education Press, (in Chinese).

Meng, Jian and Ji, Huaqiang. 2007. A Report on the Development of Public Relations in China (2005—2006). Shan Xi Education Press, (in Chinese).

Qi, Xiaohua. 2006. A Survey Report on the Public Relations Industry in China . Social Sciences Academic Press(China), (in Chinese).

Wu, Youfu. 2006. How to build China's national brand image. PR World. (in Chinese) .

Wu, Youfu. 1997. Public relations: From the age of romance to that of plan. Wen Hui Daily(in Chinese).

Wu, Yuofu, etc. 2008. Public Relations in China (1986—2006). Shanghai Foreign Language Education Press, (in Chinese).

Yang, Chen, Huaqiang Ji, etc. 2011. The present situation and thoughts on the development of public relation specialty for undergraduate. Journal of Inner Mongolia Finance and Economics College, (in Chinese) .

Yang, Weimin. 2011. Micro-blog PR become a hotly contested field, PR Magazine. (in Chinese).

Yu, Mingyang. 2007. Public Relations in China. Shanghai Jiaotong University Press, (in Chinese).

Zhang, Qunqun. 2010. The successful IPO of Bluefocus on the significance and challenges Http://www. istock. jrj. com. cn/article, 300058, 3005689. html 2010—3—1(in Chinese) .

Zhang, Weiwei. 2009. Expansion of public diplomacy with Chinese characteristics. International Studies, (in Chinese) .

Zhao, Ganglin. 2005. A Report on the Development of Marketing and Sales in China. Shanghai University of Finance & Economics Press, (in Chinese).

Zheng , Yannong. 2002 . The present and prospect of PR in China. Window of PR(in Chinese).

China Internet Network Information Center, 2010. Research report on china internet user social network site applications, http://www. cnnic. net. cn/ (in Chinese) .

China International Public Relation Association, A Survey Report on the PR industry in China (2006—2010). Http://www. cipra. org. cn/(in Chinese) .

Official Website of China International Public Relations Association. Http://www. cipra. org. cn/(in Chinese) .

Official Website of China International Public Relations Association Ht-tp://www. cipra. org. cn/(in Chinese), Official Website of China Public Relations Association. Http://www. cpra. org. cn/, Official Website of Shanghai Public Relations Association. Http://www. chspra. com/(in Chinese), PR World, 2006—2010(in Chinese), PR Magazine, 2006—2010(in Chinese) .

Official Website of China International Public Relations Association Ht-tp://www. cipra. org. cn/, 2006—2010, Official Website of China P. R Http://www. chinapr. com. cn/, 2006—2010, (in Chinese) .

俄罗斯在 2010 年世博会

斯坦尼斯拉夫·纳乌莫夫　阿丽娜·苏斯洛娃　张文洁*

【摘要】 本案例讲述了 2010 年世博会俄罗斯馆项目组在面临不利的传播因素条件下，为塑造俄罗斯在国内外受众中的成功形象所做的一系列战略定位、实施策略和创新举措，总结了俄罗斯馆项目组的成功经验。

【关键词】 俄罗斯馆；世博会；国家形象；公关策略

Russia in Shanghai World Expo 2010

Stanislav NAUMOV　Alina SUSLOVA　ZHANG Wenjie

Abstract This case studies the PR strategy of Russian Pavilion in Shanghai World Expo 2010. Facing adverse conditions, the project team took a series of measures to make strategic positioning, implementation strategy and innovation to shape the Russian successful image in the audience at home and abroad. This case also summarizes the successful experience of the Russian Pavilion project team.

Key Words Russian Pavilion; Shanghai World Expo 2010; National Image; PR Strategy

1. 项目简介

该项目名为“俄罗斯在 2010 年世博会”，执行时间为 2010 年 1 月至 12 月，曾获俄罗斯国家级最佳案例奖。

---

* 作者简介：斯坦尼斯拉夫·纳乌莫夫，俄罗斯公共关系协会会长，曾任俄罗斯工业贸易部副部长；阿丽娜·苏斯洛娃，斯科尔科沃基金会战略传播发展部负责人；张文洁，上海外国语大学国际工商管理学院教师。

该项目由俄罗斯联邦工业与贸易部沟通信息部通信技术处负责战略策划、配合项目在俄罗斯和中国的实施；世博会俄罗斯馆俄语、中文和英文信息的官方发表机构——俄罗斯新闻通讯社负责保障媒体在世博会俄罗斯馆内的工作；俄罗斯KPOC公关公司在2010年世博会期间提供俄罗斯境内的信息支持；信用评级机构"专家"负责在俄罗斯馆馆区举行鉴定评价活动，从内容和组织上保证俄罗斯代表团顺利参加2010年世博会专题论坛；信用评级机构"专家"的全体工作人员共同创作了《城市发展及问题解决战略最佳案例国际书库》的主要信息产品及俄罗斯参加2010年世博会项目国家总结报告《城市发展——世博会总结：俄罗斯的观点》。

项目服务客户为世博会俄罗斯参展保障与筹备组委会（主席为俄罗斯工业与贸易部部长维克多·波里索维奇·赫里斯坚科）、俄罗斯联邦工商会（副主席为世博会俄罗斯总代表委员弗拉基米尔·彼得洛维奇·斯特拉什科）、全俄展览中心（2010年上海世博会俄罗斯展馆总运营商、国家股份公司）。

2. 项目实施

2.1 项目实施背景

在一个半世纪的时间内，世界博览会（简称"世博"）作为规模最大的展览和沟通平台，吸引了世界大众传媒及社会公众的广泛关注。世博会主要的展览主体是各国国家馆。按照既定传统，国家馆理应展示国家文化，体现整个民族最吸引人的形象，同时展示国家技术、经济和社会进步的最新成果。

这些年来，世博会每五年举办一次，可以说是各国之间在国家发展、科学技术领域进行竞争的奥林匹克竞赛。俄罗斯参与世博会的历史分为明显的两个阶段：苏联时期和后苏联时期。

对于苏联来讲，世界博览会是国家外交政策定位的关键领域之一。国家一般竭尽全力组织参与世博会。苏联国家馆震撼了同时代人的想象力：1937年巴黎世博会上展出了薇拉·穆希娜的雕塑作品《工人和集体农庄女庄员》；1958年在布鲁塞尔世博会上，展馆围绕第一颗人造地球卫星的布局建造；1970年大阪世博会上，苏联国家馆呈现出挥舞着的红旗的形状，这一形象永久地载入了世界建筑艺术的历史。

后苏联时代大规模参加世博会的传统消失了。自1992年起，俄罗斯不再展出独立的国家馆。这一现象带来了合乎逻辑的后果，世博会几乎完全从新闻媒体中消失。因此,在半年的时间内,俄罗斯大众媒体关于2005年爱知世博会的新闻消息总共不超过100条。

然而,在俄罗斯参与度明显降低的同时,世博会的国际性意义却不断提高。在日益全球化的世界,世界博览会业已成为各国就文明发展关键问题进行对话的最大平台。世博会不再只展示某个国家已有的技术成果,而着重展示关乎全人类未来发展的解决方案:最近几届世博会的主题都致力于此,例如“人类、自然、科技:展示一个全新的世界”(2000年德国汉诺威世博会)和“自然的睿智”(2005年日本爱知世博会)。

2010年世博会的主题为“城市,让生活更美好”。其理念在于展示人类对未来城市生活的想象,应该发展哪种科技以及体现未来各组织和国家经济发展的优先领域。各国彼此竞赛,以塑造未来形象。除此之外各国也在全球市场方面开展竞争。

从这个层面上说,2010年上海世博会是具有转折意义的一届博览会——需要展示俄罗斯作为21世纪全球科技对话的全权参与者的形象。这样一项规模宏大的任务需要详尽完备的公关支持,同时提出不同寻常的展示方案。

公关活动首先需要强化国内外公关受众的心理意识,使其认同2010年世博会俄罗斯展览的实际成就。这样的成就归功于国家馆设计委员会所设计的具有鲜明建筑特色的外观,及艺术家和舞台设计师鲍里斯·克拉斯诺维所塑造的独具一格的内景。

公关活动还必须使俄罗斯政治和经济精英深刻意识到,世博会是一个独一无二的盛事,它开创了新的契机,参与者可以同中国和世博会其他参展国建立新的经济事务联系及跨文化的交流。

俄罗斯公关活动方案的实施面临各种不利的条件,这引发了一系列相关因素,对中国和俄罗斯传播领域产生了显著影响:

第一,直至公关活动开始前,俄罗斯传播领域完全缺乏2010年世博会的信息背景,大众传媒对即将开始的世博会盛事持深度冷淡态度。

第二,2010年世博会5月1日开幕,三个月前恰逢俄罗斯国家队在温哥华奥运会失利。对于俄罗斯在国际舞台的每一次新的尝试,大众传媒都持极端的消极态度。俄罗斯社会普遍认为俄罗斯参加世博会将会是再一次的失败和民族耻辱。

第三,2010年世博会举办地点是上海。对于俄罗斯人来讲并不是特别受欢迎的旅游目的地。尽管上海做了一系列准备工作,在市内建设了很多带有英文标志的旅游基础设施,相对而言世博会仍然是一项国内事件——外国旅游者只占展览参观者的5%。相应的,世博会也变成了不同国家在中国社会定位的竞赛。因此，外国公关活动的焦点必须集中于中国媒体和中国本地参观者受众。

第四，国内外受众接受信息方面存在的巨大差异也对传播活动产生了实质影响。国家馆，至少它的公众形象，应该既符合俄罗斯公众的期待，也符合世博会参观者及中国传媒从业者的期待。

第五，中国传播领域存在着激烈的竞争。180个参与国个个都努力展示最大数量有价值的新闻事件。出于政治动机的中国媒体刻意避免个别参与者占据信息优势，他们友好而周到地展示关于所有展馆他们看来有趣的活动信息情况。

第六，紧张的预算也阻碍了一般公关计划外更多资源的利用。组织者对小众群体意见的忽视及对现代化公共通信手段的估计不足也诱发了很多不足和公众风险。

2.2 项目目标受众

该项目的目标受众分为两部分：国外受众（中国受众和其他国家的媒体代表）及国内受众（俄罗斯国内受众）。相应的，公关活动的信息流向也分为两部分。

国外目标受众包括2010年世博会潜在参观者、中国的一般公众、中国政治精英和商界代表及其他国家的参与者。项目主要利用中国大众传媒和国外大众传媒向国外目标受众传递信息。

国内目标受众包括俄罗斯一般民众、联邦及地区层面的政治精英、商界精英和商界代表、学术专家团体的代表（包括专业的汉学家）和潜在的2010年世博会参观者，也就是在中国旅游的俄罗斯人。项目主要利用国内大众传媒和旅游业代表（航空公司、旅行社和旅游经营者、中国在俄罗斯的旅游办事处）向国内受众传递信息，利用上海的《俄罗斯》俱乐部和俄中贸易和经济合作中心为学术和商业群体传递信息。

2.3 项目目标及任务

项目的目标在于：

一是恢复俄罗斯“友好邻居和伙伴”的国家形象，证明俄罗斯时刻准备在全球科技对话中与发展中国家分享自己关于城市基础设施建设的经验方法，使城市成为文明生活的中心。

二是影响俄罗斯受众，使之将俄罗斯参加世博会看做成功举措并理解这种成功举措的意义。

项目的任务定位：

一是在竞争激烈的中国传播领域确保俄罗斯参与世博会的各项事件的有效阐释。

二是在俄罗斯国内受众心中恢复世博会作为重要事件的形象。

三是确保在中国和俄罗斯大众传媒中系统阐释俄罗斯参与世博会的商业、科技和文化项目。

2.4 项目传播战略方向

(1)战略方向1:今天的俄罗斯正在创造必要的条件,保障后代过上最好的生活。

这一战略方向传播工作的关键任务在于:开发俄罗斯国家馆的潜力,塑造俄罗斯在中国及国际社会的正面形象。2010年世博会的口号是:"城市,让生活更美好"。俄罗斯国家馆的设计者们对它的解读就是:"最好的城市应该是最受孩子们喜爱的城市。"国家馆一层展示了系列三维模型,这些模型是在以描述未来城市为主题的儿童画基础上建造的。按照尼古拉·诺索夫的作品《小无知历险记》的作品理念,国家馆二层被打造成儿童教育园区和神奇城。在这里俄罗斯儿童将向大家展示年轻科学家们在俄罗斯经济现代化和科技发展优先领域的创造发明与科技成果。2010年世博会开幕之前与中国媒体的工作重点在于阐释如下关键信息:"俄罗斯馆是世博会最美丽的国家馆之一,对孩子来讲是最有趣最具有教育意义的场馆""城市是童年盛放花朵的地方"。这帮助项目组节省了一大笔广告费用。最初就进行了市场营销,以确保当时背景和环境适合从这个关键信息的阐释开始开展信息传播活动。中国十分重视儿童,这就保证了俄罗斯馆占据了一定竞争优势,保证了大众参观者会将俄罗斯馆作为必访之地。

为配合这一战略方向采取了一系列公关策略,包括在场馆举办大范围的人文项目活动并配之以及时的信息跟踪和报道,在有专家学者、政治家、社会意见领袖参与的公共活动中阐释儿童主题(如利用视频直播俄罗斯儿童日庆祝活动、在知识日宣传旨在培养儿童发明意识的社会文化项目"有趣的球"、开展俄罗斯及中国儿童共同课程活动等)。活动吸引了众多与儿童和青年主题直接相关的专家参加——联邦参议员斯维特兰娜·奥尔洛娃女士,国家杜马副主席斯维特兰娜·朱可娃,公共商会、儿童产品行业协会的专家及其他专家。

(2)战略方向2:俄罗斯——充分参与全球科技对话的主体。

2010年世博会项目包括6个国际主题论坛,以阐述世博会主题"城市,让生活最美好"的不同方面。俄罗斯在这几个主题论坛上的有效表现，对于在中国和国际社会塑造俄罗斯国家新形象具有决定性意义。它能帮助国际社会认识到，俄罗斯是在科技和人文领域拥有先进成果，并准备同国际社会在平等的伙伴关系基础上分享这些成果的国家。每次论坛结束，俄罗斯国家馆都举行总结性圆桌会议，俄罗斯学术专家及大众传媒代表会参加圆桌会议。一系列圆桌会议都以在上海、莫斯科和俄罗斯其他地区开展视频卫星中转的形式进行。科技和商业领域各项活动总结形成了俄罗斯国家报告，即《城市发展——世博会总结：俄罗斯的观点》。超过250位俄罗斯和其他国家不同领域的专家代表参与撰写了此份报告，包括城市建造师、建筑师、文化学家、历史学家、生态学家、经济学家、政治学家及信息通信技术领域的专家等。

(3)战略方向3：使俄罗斯国内受众认识到俄罗斯参与世博会的成功形象。

俄罗斯国内传播战略旨在在俄罗斯受众中传播俄罗斯参与2010年世博会的成功形象，巩固受众心中对俄罗斯的国家认知：俄罗斯不仅是至关重要的全球玩家，同时它也以开放的姿态对待致力于人类发展的对话和平等合作。

为此项目组做了大量工作，吸引俄罗斯大众媒体积极宣传俄罗斯对世博会的参与，有效地利用社会意见领袖的公众资源，组织召开有俄罗斯重要议员参与的世博会新闻发布会。比如，俄罗斯国会代表团在展览工作开始的头两个月前来参观，并为国内受众宣传世博。

2.5 项目实施策略及实际行动

(1)在俄罗斯传播领域开展的工作。

展览举办期间进行了俄罗斯在21世纪全球传播领域定位技术调试工作。在此过程我们高度注意到利用通讯社及博客圈以剪辑形式传播信息的重要性。

依靠俄新社及主要公关通道和独立电台的结合，区域性团队的工作也达到了很高的信息流密度。吸引了各地区大量普通公众关注的电视卫星中转成为了交叉点和连接点。电视卫星中转在上海和莫斯科以及俄罗斯其他地区如圣彼得堡、叶卡捷琳堡、陶里亚蒂、汉特—曼西斯克等城市间进行。

除此之外，公共政治传媒机构组织了有俄罗斯世博会筹备委员会成员参与的系列活动，开展了一些采访并撰写了分析材料。(如《俄罗斯报纸》《商业电台》《莫斯科回声》等传媒机构)

学术团体在网络上讨论世博会的另一个平台是斯坦尼斯拉夫·纳乌

莫夫的博客。早在2009年8月份该博客就撰写了关于俄罗斯参与世博会的第一篇文章。过去的时间内,该博客上共发表了50多条关于世博会的信息。该博客的宣传切实有效地改善了网络上出现的某些关于世博会的尖锐批评现象。俄罗斯传播领域的工作重点在于,为使俄罗斯当地媒体对世博会和俄罗斯参加世博会做出客观评价,他们应该看到关于世博会的一切。为更好地为大众读者服务,组织了4次发行量最大的报刊记者(《共青团真理报》《莫斯科共青团报》《真理与论据》《俄罗斯新闻周刊》《专家报》《总结报》《劳动报》《俄罗斯报》)、顶尖博客博主(谢尔盖·多利、马克西姆·卡拉什尼科夫)和社会意见领袖(作家及《明日报》总编辑阿列克·普拉汉诺夫、《但是报》总编、《第一频道》作家栏目主持人米哈伊尔·列昂季耶夫、公共商会会员、记者、《第一频道》主持人马克西姆·舍甫琴科、《专家报》副总编丹·梅多夫尼科夫、建筑批评家、《商人报》特约记者格里高利·列夫金)的参观活动。

为引起媒体更积极的关注,我们积极吸引社会活动不同领域的名人参与进来。有很多国内外名人参与了国家馆的传播活动,如艺术家尼卡斯·萨夫罗诺夫、奥林匹克撑杆跳高冠军伊琳娜·伊辛巴耶娃、中国国务院秘书长马凯、上海市市长韩正等。

为帮助受众形成对世博会的直观感受,在展览正式开幕前一周组织旅游新闻摄影博客知名博主谢尔盖·多利前来参观。著名搜索引擎YANDEX博客排行榜显示,谢尔盖·多利博客上关于世博会的图片占据前30位。其关于世博会的博文收到了博客读者673条评论,谢尔盖·多利个人也把这篇文章收录入“自己最成功的博文”之列,推荐读者阅读。在杂志《俄罗斯新闻周刊》上进行了世博会图片报道,展示了世博会上最有趣的展馆图片。

为更好地向广大受众传播,除了利用最知名的大众媒体,还组织新闻人物参加面向广大观众的电视节目(如独立电视台脱口秀节目《中产阶级》、俄罗斯一套电视台娱乐信息频道《早安,俄罗斯》等)。

为和俄罗斯旅游业代表沟通并同拟前往上海旅游的旅游者建立直接联系,出版了专门的Thomas Cook旅行指南系列出版物,里面包含了对俄罗斯国家馆的描述及上海世博会的整体介绍。

与此同时,在2010年世博会开幕之前也出现了消极的信息传播背景。温哥华奥运会后,俄罗斯媒体倾向于对俄罗斯参与国际活动持负面态度。因此,汉学家中某些群体认为,使用“小无知”形象作为俄罗斯国家馆的代言人对于中国人心理世界来讲是非常不成功的形象。这一论调在媒体中间收到很大的反响,同时也引发了对俄罗斯国家馆的负面评价。

在世博会开幕初期的几个月中，这一主题被媒体不断提及，必须采取措施消除出现的信息传播风险。每一个负面报道都受到来自最权威媒体的反驳。比如，如果《新闻时间》《我们的方案》和《星火》等杂志报道了负面消息，《俄罗斯报纸》《俄罗斯新闻周刊》《莫斯科共青团报》《商人与政权》杂志及其他媒体就会刊出反驳性的报道。

而中国媒体认为，俄罗斯选择的“小无知”形象渴望知识，是一个十分有趣讨喜的形象。这一反应证明，中国人并未觉得俄罗斯这一选择有任何不妥。最终世博会俄罗斯馆参观人员的数量也从事实上驳斥了俄罗斯国内某些媒体对国家馆所持的无意义的负面评价。

与此同时，为深化俄罗斯参与世博会的内涵，相应地在俄罗斯馆举办了一系列的人文活动。每个人文项目的开展都成为对俄罗斯在世博会定位不稳这一风险的建设性回答。俄罗斯两大著名学者——俄罗斯社会学家、历史学博士、淡江大学教授弗拉基米尔·马利维，俄罗斯学者、哲学家、艺术家博士奥列克·盖尼撒列茨基——在俄罗斯国家馆开幕式上共同致辞，这一举动也对东方哲学专家和哲学学科专家的批评给出了很好的回答。

世博会俄罗斯日开幕前就开始了密切的信息传播，以更深层地阐释俄罗斯参与世博会的意义。举办了俄语立方活动，这一活动与知识日对俄罗斯总统梅德韦杰夫的采访一起在第一频道进行了直播。幼儿园儿童在俄罗斯国家馆日参观俄罗斯馆这一事件也提升了国内对俄罗斯当代儿童教育问题的关注，孩子们还参加了国际谜语大赛。

通过电视卫星中转为上海和莫斯科中学生组织的公开课引发了公众的广泛兴趣。为庆祝俄罗斯国家馆日，播放了电影《从阿尔卡依玛到斯科尔科沃》，并且制作发放了与之相关的场馆指南，其中对俄罗斯展馆的展品进行了科学阐释(多维度性和聚合性)。

这些活动的组织保证了俄罗斯国家馆日信息传播的密度和持久性，塑造了良好的信息传播氛围。

在整个项目实施期间，共为各国记者组织了 20 多场活动，在俄罗斯联邦及地方媒体刊发了超过 1600 条信息，官方新闻发表机构俄新社发布了超过 900 条 2010 年世博会的新闻。

(2)在中国及国际传播领域开展的工作。

在初期阶段，中国传播领域开展工作的主要任务在于，定位世博会俄罗斯国家馆，吸引广大中国公众提高对俄罗斯参与世博会的关注度。

场馆重点举行了一系列的活动，以吸引广大参观者参与(胜利日、国际儿童节、俄罗斯日、知识日、参观者摄影大赛等)。在中国最流行的门户网站QQ网页(超过400万使用者)上专门开放了俄罗斯国家馆主页面,用于宣传和推广这些活动。

同时也开展了俄罗斯馆科技商业项目推广工作:邀请俄罗斯著名专家参与圆桌会议、组织中俄参展企业会见及签署合约等。俄罗斯专家积极参与中方论坛,切实地强化了俄罗斯在世博会科技和人文对话中的定位。100多位俄罗斯专家的工作都在国家报告《城市发展——世博会总结:俄罗斯的观点》一书中得到展示。

另一个吸引中国媒体关注、为俄罗斯媒体提供新闻契入点的方法是举办新闻发布会和记者见面会,并邀请俄罗斯政界精英代表参加(如工业与贸易部部长赫里斯坚科、俄罗斯国家杜马发言人格雷斯洛夫、俄罗斯联邦工商会主席普里马科夫、国企"俄罗斯纳米技术公司"领导人丘拜斯、参加俄罗斯展馆展览的俄罗斯各州州长等)。

俄罗斯国家馆发言人的积极态度保证俄罗斯国家馆得到媒体的广泛报道。世博举办期间,共为中国媒体组织了50多场俄罗斯馆发言人访问和评论活动。在俄罗斯国家馆馆区内举办了55场媒体活动。除此之外,还单独刊发文章,介绍俄罗斯国家馆的展品及商业项目成果。

俄罗斯参与世博会在国外媒体定位的主要资源是利用俄新社门户网站,用英文、中文和俄文对其进行信息跟踪和支持。

俄新社的信息材料被外国媒体积极引用,据统计外国媒体共引用了100多条俄新社的信息报道。

(3)创造性的解决方案。

为将世博会加入俄罗斯大众媒体的社会政治报道日程,采取了视频卫星中转的方式。这种方式在俄罗斯媒体中反响甚好,也被那些有机会向不同城市在直播现场的俄罗斯专家提问的中国记者高度评价。

采用非传统方式为社会公众举办活动收到中国媒体的重要反响。例如:直播5月9日胜利日庆祝活动、5月9日为游客分发圣乔治丝带、7月12日俄罗斯日、8月22日俄罗斯国旗日、9月28日俄罗斯国家馆日为游客分发俄罗斯小国旗和徽章等。

举办别具一格的活动,阐释俄罗斯参加世博会的主题,同时将俄罗斯馆加入中国媒体世博报道议程中。例如:6月1日中俄儿童绘画活动"我们一起来画画",9月1日俄语知识竞赛活动、社会文化项目"有趣的球"宣传活动、猜谜冠军赛、中俄中学生视频公开课活动等。

世博会俄罗斯国家馆日暨总统梅德韦杰夫先生访问前夕开展了一系列的传播活动,包括最鲜明和最具创造性的方案——俄罗斯"希望号"和"帕拉达号"巡洋舰驶入上海港。这一事件引发了中俄媒体的广泛响应,在帆船上还为中国媒体举行了新闻发布会。

国家报告《城市发展——世博会总结:俄罗斯的观点》。国家报告不仅是俄罗斯世博会科技和商业项目的关键性信息产品,也是独一无二的公关工具,通过这份报告能够更深层地解释俄罗斯参加世博会的内涵和意义。不同于展馆推荐和展品介绍,国家报告不仅适用于大众参观者,也适用于专家和大众传媒机构。该报告具有很强的实际意义,可以作为俄罗斯参加上海世博会成果展的主要产品。

俄罗斯参加世博会的成功经验和建议被写入上海宣言,这一事件成为重要的新闻点,中国和俄罗斯主流媒体都对此撰写了相关文章。

2.6 项目成果

该项目预算为 1000 万卢布。其中 250 万卢布用作在俄罗斯境内开展信息传播活动,750 卢布用于俄罗斯国家馆媒体中心在上海开展工作。

世博会举办期间,俄罗斯展馆参观者络绎不绝。展览最后一天,参观者数量超过 750 万人。在俄罗斯参展期间举办的各类活动得到中国传媒机构的广泛报道。就关于俄罗斯馆的发言及文字材料的引用率和数量来看,俄罗斯长期占据前 5 位。需要指出的是,整个展览举办期间,专业的中国媒体都对俄罗斯馆和俄罗斯进行了很多报道,而在此之前这样的报道几乎没有。

在开展科技项目和准备国家报告的过程中,我们有机会对世博会提出自己的很多具体建议并将这些建议写入上海宣言,这是主要的成果之一。俄罗斯国家馆获得"最佳展馆主题演绎"银奖奖项也与这项工作有关。

在俄罗斯传播领域从零开始建立了俄罗斯媒体对世博的兴趣,使大众传媒了解到世博会对于国际关系的重要意义,项目的实施提高了俄罗斯参加 2010 年世博会的质量,这些是本项目最重要的成果。

在整个项目设计期间,俄罗斯传播领域对俄罗斯参加世博会一直存在争论,负面评论和正面评价交替出现。而该项目的重要成果之一就是,9 月初俄罗斯大众传媒领域出现了正面评价材料占据优势的趋势。

利用某一事件进行公关的战略理念在俄罗斯传播领域发挥到淋漓尽致。因此,在项目实施期间,负面新闻报道和正面新闻报道呈现平衡。而最终正面新闻报道占据优势并一直影响至今。

在方法论层面上,该项目工作团队成功按照自己的理念完成了工作:最终几乎所有事项都按照既定计划轨迹推进。该项目未来的工作重点是在未来数十年内巩固业已塑造的俄罗斯正面形象,并将其积极传达至米兰 2015 年世博会上。

参 考 文 献

Станислов Наумов. 2013. Россия на всемирной уинвирсальной выставке-Expo 2010// 50 лучших проектов национальной премии в области развития общественной связей. 《Серебряный Лучник》 2012—2013гг. М. : Альпина Бизнес Букс.

《公共关系学报》投稿须知

一、本刊介绍

《公共关系学报》由上海外国语大学主办，上海外国语大学国际工商管理学院、公共关系研究院承办，是目前中国内地唯一一份定位公共关系理论研究的学术辑刊。

本刊主要刊载与公共关系研究领域相关的观念性理论论文、学术性研究报告、专业性教育研究，以及少量反映公共关系研究学术动态的信息、评论和综述。

本刊严格遵从国际学术规范和审稿制度，力求把本刊办成我国公共关系学术研究领域具有专业性、国际性、权威性的学术刊物，使之成为我国公共关系研究学术领域的交流平台，国际公关界了解中国公共关系研究的窗口，中外公关学术交流的桥梁。

本刊欢迎任何来自国内外、境内外的，从各学科、多视角，科学严谨地对公共关系及其相关领域进行研究、探讨的稿件。论文、研究报告、教育研究稿件一般请控制在5000字到15000字之间；学术动态信息在1000字以下；书评、综述、评论等在3000字以内；论文格式请参照本刊。

二、投稿须知

1. 投稿时请另页提供个人简介一份。个人简历字数在300以内，内容包括：姓名、性别、学历、现工作单位、行政职务或职称、研究方向，以及作者通讯地址、电话、电子邮件联系方式等。

2. 投稿时请提供文章标题、作者姓名、工作单位、内容摘要、关键词等的英译文。

3. 本刊每年出版2期，分别在6月和12月，稿件提交截止日期对应为1月和7月。

4. 编辑部有权修改来稿文字。必要时寄送作者修改或确认，请按规定时间寄回修改稿，或确认编辑部修改后的稿件。

5. 请勿一稿多投。编辑部在接到稿件之后的1个月内告知作者用稿意见。稿件若未采用，作者可另投他刊，请自行保留底稿。稿件一经采用，作者便自行将光盘出版、网络出版权转让编辑部，编辑部不再另行通知。

6. 稿件提交的方式与地址：请以电子邮件附件方式发送至：prfs-

hanghai@163. com，并将论文用 A4 纸打印一份寄至：上海市大连西路 550 号，上海外国语大学国际工商管理学院《公共关系学报》编辑部收，邮编 200083。

上海外国语大学
《公共关系学报》编辑部

图书在版编目（CIP）数据

公共关系学报. 2015 年. 第 1 卷. 第 1 期 /《公共关系学报》编辑委员会编. —北京：企业管理出版社，2015. 6
ISBN 978 - 7 - 5164 - 1067 - 7

Ⅰ. ①公…　Ⅱ. ①公…　Ⅲ. ①公共关系学—文集　Ⅳ. ①C912. 3 - 53

中国版本图书馆 CIP 数据核字（2015）第 104756 号

书　　名： 公共关系学报. 2015 年. 第 1 卷. 第 1 期
作　　者：《公共关系学报》编辑委员会
责任编辑： 丁　锋
书　　号： ISBN 978 - 7 - 5164 - 1067 - 7
出版发行： 企业管理出版社
地　　址： 北京市海淀区紫竹院南路 17 号　　邮编：100048
网　　址： http://www. emph. cn
电　　话： 总编室（010）68701719　发行部（010）68701816
编辑部（010）68414643
电子信箱： 80147@ sina. com
印　　刷： 北京天正元印务有限公司
经　　销： 新华书店
规　　格： 180 毫米 ×255 毫米　　16 开本　　8 印张　　143 千字
版　　次： 2015 年 6 月第 1 版　　2015 年 6 月第 1 次印刷
定　　价： 30. 00 元
